谨 以 此 书

纪念邓小平同志诞辰120周年

向邓小平学习

XIANG
DENGXIAOPING
XUEXI

沈传亮　主编

人民出版社

目 录

向**邓**小平学习
Xiang
Dengxiaoping
Xuexi

第一章

向邓小平学习求实精神

"在习惯了毛泽东的哲学宏论和形象比喻，以及周恩来儒雅庄重的职业精神之后，面对邓小平言辞辛辣、单刀直入的作风，偶尔犀利反讽的话，不喜欢空谈理论而喜欢着眼于极度实际问题时，我花了相当一段时间才把自己调整过来。"这是美国原国务卿基辛格在多次与邓小平打交道之后的感叹。基辛格认为邓小平的"实事求是作风把中国从走历史捷径的大梦中唤醒，重回必须依据宏图伟略按部就班实现历史的现实世界中。"[1]邓小平自认为是"实事求是派"，他曾因为坚持实事求是而在政治生涯中遭遇重大挫折，也曾因为坚持实事求是带领中国人成功开辟中国道路。

1.“我是实事求是派”

邓小平说自己既不是保守派，也不是激进派，而是实事求是派。在1992年年初的南方谈话中，他说比较相信毛主席讲的实事求是。实际上，实事求是出自中国古代《汉书》。毛泽东结合革命实践的新鲜经验，对实事求是进行了新的解释。毛泽东说："'实事'就是客观存在着的一切事物，'是'就是客观事物的内部联系，即规律性，'求'就是我们去研究。我们要从国内外、省内外、区内外的实际情况出发，从其中引出其固有的而不是臆造的规律性，即找出周围事变的内部联系，作为我们行动的向导。而要这样做，就须不凭主观想象，不凭一时的热情，不凭死的书本，而凭客观存在的事实，详细地占有材料，在马克思列宁主义一般原理的指导下，从这些材料中引出正确的结论。"[2]毛泽东正是靠实事求是带领中国共产党人成功开辟出一条中国特色革命道路。邓小平很好地继承和运用了毛泽东的求是思想。

邓小平因坚持实事求是地干工作，曾受到政治打击。1933年年初，中共临时中央政治局迁入中央苏区后，"左"的政策开始在中央苏区得到贯彻。思想偏"左"的领导人反对毛泽东等在苏区所实行的符合实际的政策。他们不但将毛泽东排斥出红军领导岗位，而且对于其他抵制"左"的政策的人大加排挤、打击，他们还派出代表到各苏区贯彻落实"左"的政策。1933年2月，中共福建省委代理书记罗明，由于不赞成"左"的政策，被斥之为犯了右倾机会主义和对革命悲观失望的错误，即所谓"罗明路线"，并受到撤职处分等种种打击。时任江西会昌中心县委书记的邓小平等人坚决贯彻毛泽东的正确主张，面对敌人"围剿"，不拼硬、不搞"堡垒对堡垒"；他们不同意"动员一切经济力量为了战争"的口号，主张主力红军要把打土豪筹款作为自己的主要任务；在土地问题上，他们反对"地主不分田，富农分坏田"的错误主张，坚持执行按照人口平均分配和"抽多补少、抽肥补瘦"的正确政策。正是因为在行动中坚持实事求是，抵制了王明的教条主义错误。邓小平、毛泽覃、谢维俊、古柏4人受到了左倾领导人的批判。他们4人被称之为"江西罗明路线"的"领袖"。他们虽据理力争，但依然在临时中央和中央局特派员主持的江西省委工作总结会上，被撤销了职务，还当众被缴了枪，被派去基层改造。〔3〕邓小平被撤了职，得到"党内最后严重警告"处分。随后，邓小平被派到乐安县属的南村当巡视员。到了乐安不足十天，有关领导怕边区不安全，又让邓小平回到省委。这是邓小平政治生涯三落三起的"第一落"。毛泽东在"文革"期间，曾提到邓小平是"毛派的头子"，使得邓小平第二次快速复出。复出后的邓小平注重"促生产"，大力进行整顿。期间，毛泽东让其对"文革"做个决议，意在要肯定"文革"。邓小平以我是"桃花源中人，不知魏晋，何知有汉"，推辞了。毛泽东显然对邓小平的态度不很满意。邓小平这一实事求是的做法与他的第三次被"打倒"有着较为密切的关系。

邓小平一直坚持实事求是的工作作风。新中国成立后，他在主政大西南期间，就根据西南实际情况采取了很多措施，推动了西南地区发展。"大跃进"后，很多地方出现挨饿现象。有的地方为了填饱肚子，悄悄把地分给老百姓，搞起了变相的"包产到户"。对这一行为，中央有不同意见。有人认为，包产到户就是走资本主义道路，包产到户容易带来农村的贫富分化，还会出现地主和农民的对立。有人则认为，包产到户，把地给农民种，土地还是属于国有的，不仅不会损害国家利益，还能够调动农民积极性，度过饿肚子的困难时期。但两种意见，争论激烈。作为时任中共中央总书记的邓小平对此说："生产关系究竟以什么形式为最好，恐怕要采取这样一种态度，就是哪种形式在哪个地方能够比较容易比较快地恢复和发展农业生产，就采取哪种形式；群众愿意采取哪种形式，就应该采取哪种形式，不合法的使它合法起来。这都是些初步的意见，还没有作最后决定，以后可能不算数。刘伯承同志经常讲一句四川话：'黄猫、黑猫，只要捉住老鼠就是好猫'。这是说的打仗。我们之所以能够打败蒋介石，就是不讲老规矩，不按老路子打，一切看情况，打赢算数。现在要恢复农业生产，也要看情况，就是在生产关系上不能完全采取一种固定不变的形式，看用哪种形式能够调动群众的积极性就采用哪种形式。"[4]这段话后来被演绎为"不管黑猫、白猫，抓住老鼠就是好猫"的"猫论"，形象表达了邓小平的求实精神。20世纪80年代初，有位领导曾问邓小平，对"黑猫白猫"这个说法现在怎么看？邓小平回答："第一，我现在不收回；第二，我是针对当时的情况说的。"[5]

"文化大革命"十年浩劫随着江青等人1976年10月6日的被捕在事实上宣告结束。如何收拾残局，如何走出乱局，成为中共面临的重大问题。有的人认为要实行"文革"的做法，从而提出"两个凡是"即"凡是毛主席做出的决策，我们都坚决维护；凡是毛主席的指示，我们都始终不渝地遵循。"在治国理政上，他们强调"抓纲治国"，实际上还是要走老路。有的则顺应民意，既不走老路，更不走邪路，而是从中国实际出发走出一条新路。邓小平就是其中的代表。他在"文革"期间，被打倒两次，思考了很多问题。照老一套干，老百姓也不会答应。因此，在"两个凡是"提出后，邓小平明确表示"两个凡是"不行。"这是一个重要的理论问题，是个是否坚持历史唯物主义的问题。彻底的唯物主义者，应该像毛泽东同志说的那样对待这个问题。马克思、恩格斯没有说过'凡是'，列宁、斯大林没有说过'凡是'，毛泽东同志自己也没有说过'凡是'"。[6]在真理标准问题大讨论过程中，邓小平旗帜鲜明地支持实践是检验真理的唯一标准，批评某些人天天喊高举毛泽东思想，实际上是"假"高举。邓小平还找到当时的中宣部部长，说不要再下禁令、设禁区了；找到当时的中组部部长说，不要担心，争得好，根子就在"两个凡是"。真理标准问题之所以出现争论，实际上就是"两个凡是"和"实事求是"之争。在邓小平等人支持下，真理标准问题大讨论成为人们破除僵化观念、坚持实事求是的一次精神洗礼，为实现转折、推进改革开放注入了强大思想动力。

在中共十一届三中全会前召开的长达36天的中央工作会议上，邓小平发表了重要讲话，提出了解放思想、实事求是、团结一致向前看的重要思想，提出"一个党，一个国家，一个民族，如果一切从本本出发，思想僵化，迷信盛行，那它就不能前进，它的生机就停止了，就要亡党亡国。"这段话实际阐明了实事求是的极端重要性。

但即使是在真理标准问题大讨论产生了巨大的解放思想威力，但很多人对待毛泽东却陷入了非此即彼的零和思维。有的人无比维护毛泽东，把毛泽东视为没有任何错误的伟大领袖，奉为神灵；有的人恰恰相反。这种不同声音不仅民间有，中央也有。而如何对待自己的领导人，在国际共运史上都是一个没有得到很好解决的大问题。斯大林的继任者把斯大林形容为魔鬼，从而对苏共形象产生了极大损害，至今依然无法修复。如何正确对待毛泽东和毛泽东思想，确实考验着中共领导人的智慧。邓小平以高超的政治智慧，坚持历史唯物主义，坚持实事求是，一方面指出伟大领袖也是有错误的，要求领袖不犯错误是不现实的；一方面指出毛泽东是伟大领袖，为党、国家和军队建设都做出了巨大贡献，也犯过严重错误。但与伟大成就相比，错误是第二位的。从而较好地处理了毛泽东的功绩与过失的问题。中共为此专门召开了十一届六中全会，通过了关于建国以来若干历史问题的决议，统一了全党对这个问题的认识，从而在实事求是的基础上，形成了正确看待毛泽东的最大共识。

针对有人议论自己的派别色彩，1987 年 3 月 3 日邓小平在会见美国国务卿舒尔茨时表示："国外有些人过去把我看作是改革派，把别人看作是保守派。我是改革派，不错；如果要说坚持四项基本原则是保守派，我又是保守派。所以比较正确地说，我是实事求是派。"〔7〕

2. 改革开放的成功"靠实事求是"

邓小平认为中国改革开放之所以能取得成功主要是因为靠实事求是。他指出，"实事求是是马克思主义的精髓。要提倡这个，不要提倡本本。我们改革开放的成功，不是靠本本，而是靠实践，靠实事求是。"〔8〕

从农村改革来看，不少人以为中国农村改革一帆风顺，实际上并非如此。"文革"结束后，中国推动农业发展显然不能再靠盲目"学大寨"了，但如何改革却远远没有达成共识。有的省份为了度荒，悄悄把土地借给农民耕种，变相搞起了包产到户。令决策者十分意外的是，农民的积极性迅速被调动起来。包产到户产生了巨大魔力，粮食产量提高很快。农民从以前的不够吃，很快向"吃得饱"迈进。榜样的力量是无穷的，很多地方开始悄悄搞起包产到户。但中央决策层并未达成共识。在标志着改革开放的中共十一届三中全会上，还明确规定"不许分田单干、不许包产到户"。有人甚至认为，把地分给农民还是走资本主义道路。在 1980 年召开的省、市、自治区一把手会议上，为此还吵得一塌糊涂。直到 1982 年，在邓小平、胡耀邦等人的支持下，中央制定并发布了关于农业发展的中央一号文件，才逐渐承认了农民包产到户的社会主义性质，后来包产到户的名字定位为"家庭联产承包责任制"。因此，邓小平在后来说，"对改革开放，一开始就有不同意见，这是正常的。不只是经济特区问题，更大的问题是农村改革，搞农村家庭联产承包，废除人民公社制度。开始的时候只有三分之一的省干起来，第二年超过三分之二，第三年才差不多全部跟上，这是就全国范围讲的。开始搞并不踊跃呀，好多人在看。我们的政策就是允许看。允许看，比强制好得多。我们推行三中全会以来的路线、方针、政策，不搞强迫，不搞运动，愿意干就干，干多少是多少，这样慢慢就跟上来了。"〔9〕邓小平的这番话实际表明，农村改革成功是尊重农民意愿，用事实说话。农村改革短短几年就取得重大进展，1984 年粮食总产量超过了 8000 亿斤，全国人均粮食超过 800 斤，比"文革"结束时人均多了 200 多斤，农民温饱问题基本解决。这时，不同意见渐渐消失。

农村改革的巨大成功，为城市改革提供了很好的基础。1984 年，中共决定把改革的重点转向城市。如何有序尽快推进城市改革，成为中共上上下下关心的重大问题。在胡耀邦等人领导下，中央于 1984 年 4 月成立了文件起草小组，专门起草以城市为重点的改革方案。经过起草组的艰苦努力，以城市为重点的改革文件于 10 月份形成了较为成熟的稿子。1984 年 10 月 20 日召开的中共十二届三中全会顺利通过了中共中央关于经济体制改革的决定，提出了城市改革的总体方案，明确提出社会主义经济是有计划的商品经济。之所以这次会议能够突破计划经济与商品经济的对立，主要和改革开放的实践有关。农村改革取得成功之后，富裕起来的农民开始创业，办起了乡镇企业，广东高要县产生了养鱼大户、安徽芜湖年广久把瓜子卖得风生水起。城市为了解决就业问题，也允许返城知青和待业青年自谋职业，城市里开始出现个体户等经营形式。北京前门大街上卖大碗茶的尹盛喜就是其中的知名代表。这些改革的实践迫切要求中央的理论创新，用传统的社会主义经济理论根本无法解释 20 世纪 80 年代的新生事物了。正是在这种情况下，中央决定吸纳理论界的建议，积极推进经济体制改革。正是在这种背景下，才写出了这样的改革文件。邓小平对这次全会和文件给予了高度评价。他说："这次经济体制改革的文件好，就是揭示了什么是社会主义，有些是我们老祖宗没有说过的话，有些新话，我看讲清楚了。过去我们不可能写出这样的文件，没有前几年的实践不可能写出这样的文件。写出来，也很不容易通过。会被看作'异端'。我们用自己的实践回答了新情况下出现的一些新问题。不是说四个坚持吗？这是真正坚持社会主义，否则是'四人帮'的'宁要社会主义的草，不要资本主义的苗。'解放思想，我们老同志有这个任务。这次的好处是，中央委员、中央顾问委员会、中央纪律检查委员会三个委员会的同志都赞成这个文件，看到了现在发布这个纲领性文件的必要性和重要性。这是个好的文件。"[10]

不仅改革靠实事求是，开放也靠实事求是。邓小平积极倡导对外开放。他以70多岁的高龄，在"文革"结束之后，不辞辛劳到访日本、朝鲜、新加坡、马来西亚、泰国、美国等国家，访问期间，就很多重要问题进行了商谈，为中国实施对外开放营造了良好外部环境。这时，党和国家领导人也纷纷出访。"不去不知道，一看吓一跳"。他们看到了中西巨大差距，也看到了中国开放的机遇，遂决定实施对外开放政策。1978年、1979年举行的两次中央工作会议上，习仲勋在代表中共广东省委发言时都向中央建议给广东更多的自主权发展经济，并提出选择几个地方试点的意向。[11]邓小平赞成习仲勋的这一提议，并提出还是叫特区好，过去我们的陕甘宁就是特区。中央没有钱，你们要杀出一条血路来。在邓小平的支持下，广东、福建先行先试。国务院领导人谷牧带队到广东考察调研，形成了设立经济特区的思路。经过一系列准备，1980年设立了深圳、珠海、厦门、汕头四个经济特区。经济特区主要实行市场化取向的经济政策，市场作用开始显示出巨大的魔力。经济特区经济发展速度很快。但由于以前没搞过，一没有经验，二没有实践，所以刚开始有很多不完善的地方，有的地方走私贩私现象比较严重。这时，关于经济特区就有了不同的声音，特区被影射为近代中国上海的租界，说什么"只有红旗是红的，其他都是白的啦"，有人甚至建议在特区周围拉上铁丝网，以免资本主义的东西进来。国务院负责特区工作的领导人谷牧曾就此说"很有点秋风萧瑟的味道"。1982 年 11 月，国务院和有关部门形成了《当前试办经济特区工作中若干问题的纪要》，明确指出："举办经济特区，是我国在新的历史时期贯彻执行对外开放政策的重要措施"。并明确经济特区工作由谷牧负责分管。〔12〕这时，经济特区才"柳暗花明"。1984 年年初，时刻关心对外开放的邓小平到经济特区转了一圈，说特区是他主张办的，过来看看办得怎么样。实际上，这次邓小平到深圳、珠海经济特区来，就是要调查研究，看看特区搞得怎么样。在他的眼里，"时间就是生命、效率就是金钱"的口号特别振奋人心，特区建设和发展一片生机勃勃。因此，邓小平为深圳、珠海特区题词说"深圳的发展经验证明，我们建立经济特区的政策是正确的"、"珠海经济特区好"。这是对特区发展的强有力支持。邓小平回京后，在会见胡耀邦等中央领导人时说，对外开放的政策要放而不是收，还要考虑开放海南岛的问题。1984 年 5 月，党中央、国务院决定把大连、秦皇岛、青岛、北海等 14 个沿海港口城市确定为开放城市，实行市场取向政策。邓小平决定扩大对外开放步伐，是在实地调研基础上得出来的。

正是这种求实的态度、务实的作风，使得邓小平能不失时机地果断提出改革开放任务，推动中国改革开放不断走向成功。

3. "走自己的道路"

毛泽东时代，中国人在社会主义建设上就想走自己的路，但很遗憾并没有走出来。邓小平时代，在准确把握国情基础上，成功开辟出一条中国道路。

这条路来之不易，是中共从实际出发的结果。以务实著称的邓小平在接见外宾或出国访问时，都敢于揭短亮丑，承认中国落后。因为认清实际是前进的基础，只有承认落后才能认清现实。邓小平在"文革"结束后，以务实心态在各种场合大胆讲中国落后，以激起人们的奋斗劲头。1978年9月12日，邓小平在同朝鲜领导人金日成会谈时就提出，"最近我们的同志出去看了一下，越看越感到我们落后。什么叫现代化？五十年代一个样，六十年代不一样了，七十年代就更不一样了。"〔13〕9月16日，邓小平指出，现在摆在我们面前的问题，关键还是实事求是、理论与实际相结合、一切从实际出发。这是政治问题，是思想问题，也是我们实现四个现代化的现实问题。一切从实际出发，我们的事业才有希望。1978年9月16日，邓小平在长春听取中共吉林省委常委汇报工作时发表讲话。他说："现在在世界上我们算贫困的国家，就是在第三世界，我们也属于比较不发达的那部分。我们是社会主义国家，社会主义制度优越性的根本表现，就是能够允许社会生产力以旧社会所没有的速度迅速发展，使人民不断增长的物质文化生活需要能够逐步得到满足。按照历史唯物主义的观点来讲，正确的政治领导的成果，归根结底要表现在社会生产力的发展上，人民物质文化生活的改善上。如果在一个很长的历史时期内，社会主义国家生产力发展的速度比资本主义国家慢，还谈什么优越性？我们要想一想，我们给人民究竟做了多少事情呢？我们一定要根据现在的有利条件加速发展生产力，使人民的物质生活好一些，使人民的文化生活、精神面貌好一些。"〔14〕邓小平在1978年10月访日期间，在一次谈话时还提出，"首先必须承认自己落后。本来很丑，就不应该表现得像美人一样。"

正是在这样的基础上，邓小平对什么是社会主义给出了自己的看法。1978年9月，邓小平在视察鞍钢时提出："社会主义要表现出它的优越性，哪能像现在这样，搞了二十多年还这么穷，那要社会主义干什么？"〔15〕后来，邓小平指出："搞社会主义，一定要使生产力发达，贫穷不是社会主义。我们坚持社会主义，要建设对资本主义具有优越性的社会主义，首先必须摆脱贫穷。现在虽说我们也在搞社会主义，但事实不够格。只有到了下世纪中叶，达到中等发达国家的水平，才能说真的搞了社会主义。"显然，这里的"不够格"是与马克思所设想的建立在高度物质发达基础之上的社会主义相比的。这是因为，在马克思眼里，社会主义应该是建立在物质极大丰富、精神高度发达的资本主义基础之上。但世界社会主义运动历史表明，马克思的设想与苏联和中国的社会主义实践是有较大出入的。

既然中国的社会主义是不够格的社会主义，那么就不一定拘泥于马克思的原来对社会主义建设的设想，就要求执政者从实际出发，来制定相关政策。毛泽东早在 1956 年就提出来要走自己的道路，但遗憾的是没有成功探索出一条社会主义建设道路。邓小平接过接力棒继续探索中国社会主义建设之路。

如何来向全国人民说清楚不够格的社会主义呢？ 1977 年 10 月，邓小平第三次复出不久就指出："人们都说中国是个大国，其实只有两点大，一是人口多，二是地方大。就发展水平来说，是个小国，顶多也是个中小国家，连中等国家都算不上。"[16] 1979 年 9 月，中共中央政治局常委叶剑英作的《在庆祝中华人民共和国成立三十周年大会上的讲话》明确指出：中国的社会主义制度"还不完善，经济和文化还不发达"，"还处在幼年时期"，"在我国实现现代化，必然要有一个由初级到高级的过程。"[17]

在中共中央重要文献中，1981 年 6 月举行的党的十一届六中全会通过的《关于建国以来党的若干历史问题的决议》，首次提出了"我国的社会主义制度还是处在初级的阶段"。1982 年召开的中共十二大进一步提出："我国的社会主义社会还处在初级发展阶段"，并指出这个阶段的根本特征是"物质文明还不发达"。

随着全面改革的展开，对于社会主义初级阶段问题的认识逐步深化，中共十二届三中全会制定的《中共中央关于经济体制改革的决定》指出："商品经济发展的不可逾越的阶段，是实现我国经济现代化的必要条件"。中共十二届六中全会通过的《关于社会主义精神文明建设指导方针的决议》，以社会主义初级阶段为立论依据，论述了精神文明建设的战略地位和根本任务等问题，为社会主义初级阶段理论的系统形成奠定了基础。1987年召开的中共十三大，第一次系统地展开论述了社会主义初级阶段的问题，报告在分析中国已经是社会主义社会，国家经济实力有了巨大增长，教育科学文化事业有了相当发展的同时指出，我国的社会主义社会又是不完善、不成熟的社会主义，也就是初级阶段的社会主义。报告从我国的人口多、底子薄的实际情况、生产力状况、经济发展不平衡、普遍的科学文化水平、生产社会化和商品经济发展的程度，以及意识形态领域中旧思想和旧习惯的存在，说明了"今天仍然远没有超出社会主义初级阶段。"报告指出：我国社会主义的初级阶段，"是逐步摆脱贫穷、摆脱落后的阶段；是由农业人口占多数的手工劳动为基础的农业国，逐步变为非农产业人口占多数的现代化的工业国的阶段；是由自然经济半自然经济占很大比重，变为商品经济高度发达的阶段；是通过改革和探索，建立和发展充满活力的社会主义经济、政治、文化体制的阶段；是全民奋起，艰苦创业，实现中华民族伟大复兴的阶段。"这"五个阶段"是初级阶段的五项任务，它们是有机地统一在一起的。初级阶段的主要矛盾"是人民日益增长的物质文化需要同落后的社会生产之间的矛盾。"为解决这个主要矛盾，"就必须大力发展商品经济，提高劳动生产率，逐步实现工业、农业、国防和科学技术的现代化，并且为此而改革生产关系和上层建筑中不适应生产力发展的部分。"报告指出这是建设有中国特色的社会主义的首要问题，并以此为立论基础，论述了中国共产党在现阶段的基本路线和改革、建设的基本纲领，初步形成了中国社会主义初级阶段的理论。

正是在准确把握中国所处阶段的基础上，在中共十二大开幕式上，邓小平明确提出了走自己的路的光辉思想，指出："我们的现代化建设，必须从中国的实际出发。无论是革命还是建设，都要注意学习和借鉴外国经验。但是照抄照搬别国经验、别国模式，从来不能得到成功。这方面，我们有过不少教训，把马克思主义的普遍真理同我国的具体实际结合起来，走自己的道路，建设有中国特色的社会主义，这就是我们总结长期历史经验得出的基本结论。"他还说："中国的事情要按照中国的情况来办，要依靠中国人自己的力量来办。独立自主，自力更生，无论过去、现在和将来，都是我们的立足点。[18] 正是因为坚持从中国实际出发，邓小平才带领中国人民积极推进了富有中国特色的农村改革、城市改革，推动了中国对外开放，使得中国的面貌焕然一新。

正是在立足初级阶段和走自己道路的基础上，邓小平提出搞中国式现代化，提出了小康社会这一富有中国文化色彩的现代化建设目标。也正是立足实际，在发展过程中，中国披荆斩棘、克难攻坚，取得了巨大成就。

面对发展中的不少难题，邓小平在离休后显示出难得的清醒。1993年9月16日，他在和自己的弟弟邓垦聊天时说："十二亿人口怎样实现富裕，富裕起来以后财富怎样分配，这都是大问题。题目已经出来了，解决这个问题比解决发展起来的问题还困难。""我看我们的事业很有希望，我们国家大有希望，我们民族大有希望。中国人能干，但是问题也会越来越多，越来越复杂，随时都会出现新问题。比如刚才讲的分配问题。少部分人获得那么多财富，大多数人没有，这样发展下去总有一天出问题。""这个问题要解决。过去我们讲先发展起来。现在看，发展起来以后的问题不比不发展时少"。这一番话，既实事求是表达了对过去成绩的肯定，也透露出很强的忧患意识，表明了自己的求实态度。

4. 毛主席犯的有些错误"我也有份"

邓小平求实精神不仅体现在着力开辟道路、推进改革开放等重大问题上，对自己也坚持实事求是的自我批评，尤其是对自己的评价也遵循求实态度，体现了大政治家的宽广胸襟。

中共探索建设社会主义过程中曾出现过重大失误。如1958年开始的"大跃进"运动，使得全国陷入亢奋状态，脱离实际的大口号、大卫星不断放出。1957年10月，邓小平在一个讲话中说：搞建设并不是一件容易的事，它比较革命要困难得多，在这方面我们还没有多大的本事。所以，要把我们这么一个贫穷落后的国家建设成为社会主义的先进的工业国家，需要长期的刻苦的努力，需要在相当长的时间里一心一意地搞经济建设。如果不一心一意，不好好学习，不总结经验，我们也会在建设问题上栽跟头。他强调指出，什么时候都要从我们国家的实际出发。但"大跃进"显然没有从国家的实际出发。当大炼钢铁运动在全国铺开的时候，邓小平正在广西视察。看着那些小土群炉炼出来的所谓钢铁，这位曾经在法国钢铁厂干过的总书记很不满意。大跃进带来了大后退，中国出现了和平年代大量非正常的人口死亡现象。中共不得已转变政策，在1961年提倡大兴调查研究之风，后来召开的七千人大会，也对以往错误进行了纠正。在毛泽东的带领下，邓小平与刘少奇、周恩来等一起立即进行国民经济的调整工作，为尽快挽回"大跃进"造成的损失，迅速恢复国民经济作出巨大努力。

尽管对"大跃进"运动邓小平内心是不赞成的，但是，在后来总结这段历史的时候，邓小平还是勇于承担责任，多次强调自己也犯过错误，在这段历史上也负有责任。1980年4月1日，邓小平在同中央负责同志谈话时，对"大跃进"承担了责任。他说："'大跃进'，毛泽东同志头脑发热，我们不发热？刘少奇同志、周恩来同志和我都没有反对，陈云同志没有说话。在这些问题上要公正，不要造成一种印象，别的人都正确，只有一个人犯错误。这不符合事实。中央犯错误，不是一个人负责，是集体负责。在这些方面，要运用马列主义结合我们的实际进行分析，有所贡献，有所发展。"1980年8月，邓小平答意大利记者奥琳埃娜·拉法奇问时说道："错误是从50年代后期开始的。比如说，'大跃进'是不正确的。这个责任不仅是毛主席一个人的，我们这些人脑子都发热了……"邓小平对"大跃进"运动的总结，反映了他的求实态度和对历史负责的可贵品质。

邓小平对自己的评价也比较务实。1980年8月21日、23日，邓小平会见意大利记者奥琳埃娜·法拉奇时两次谈话说道，"我自己能够对半开就不错了。但有一点可以讲，我一生问心无愧。你一定要记下我的话，我是犯了不少错误的，包括毛泽东同志犯的有些错误，我也有份，只是可以说，也是好心犯的错误。不犯错误的人没有。"1984年3月25日，邓小平会见日本首相中曾根康弘时说，粉碎"四人帮"以后，我出来工作，从一九七七年到现在是七年，我相信没有犯大错误。但究竟怎样，让历史去评价吧！

邓小平特别注重给年轻人腾出空间。他认为，人老了，就要下来，以免犯糊涂。他有次讲话时说，"我们这些老人关键是不管事，让新上来的人放手干，看着现在的同志成熟起来。老年人自觉让位，在旁边可以帮助一下，但不要作障碍人的事。对于办得不妥当的事，也要好心好意地帮，要注意下一代接班人的培养。我坚持退下来，就是不要在老年的时候犯错误。老年人有长处，但也有很大的弱点，老年人容易固执，因此老年人也要有点自觉性。越老越不要最后犯错误，越老越要谦虚一点"。〔19〕在1984年10月22日中顾委的会议上，邓小平说：我的工作方法是尽量少做工作，它的好处就是：第一，可以多活几岁。第二，让年轻一些的同志多做工作，他们精力充沛，比我做得更好。我希望逐步过渡到完全不做工作但身体还是好的，那样我就完成任务了。

邓小平不仅说，而且实做。他在 20 世纪 80 年代，多次强调要提拔年轻人。邓小平在 1980 年 8 月 18 日的讲话中指出："多年来，我们没有在坚持四项基本原则的前提下，大胆提拔和放手使用比较年轻的有专业知识又有实际经验的人才。在'文化大革命'期间，我们的大批干部遭到林彪、'四人帮'的迫害，干部工作遭到严重破坏。这就造成了现在各级领导人员普遍老化的状况。人才问题，主要是个组织路线问题。很多新的人才需要培养，但是目前的主要任务，是善于发现、提拔以至大胆破格提拔中青年优秀干部。这是国家现代化建设事业客观存在的迫切需要，并不是一些老同志心血来潮提出的问题。"要"打破那些关于台阶的过时的观念，创造一些适合新形势新任务的台阶，这才能大胆破格提拔。而且不管新式老式的台阶，总不能老是停留在嘴巴上说。一定要真正把优秀的中青年干部提拔上来，快点提拔上来。提拔干部不能太急，但是太慢了也要误现代化建设的大事。现在就已经误了不少啊！"[20] 1986 年邓小平提出中共十三大领导干部年轻化的目标要前进一步，并指出"哪一天中国出现一大批三四十岁的优秀的政治家、经济管理家、军事家、外交家就好了。"[21]按照这一精神，中共十三大人事安排的一个重要原则是，十二届中央委员和候补中央委员中，年龄在 66 岁以上（含 66 岁）的，一般不再提名。选举产生的中央委员和候补中央委员平均年龄 55.2 岁，比上届平均年龄降低 3.9 岁；有大专以上学历的达 209 人，占 73.3%，比上届提高 17.9%；有高级技术职称的专家 57 人，占 20%，比上届提高 6%，有 150 名十二届中央委员和候补中央委员没有进入十三届中央委员会。这使得中央决策机构更具朝气活力。如果没有邓小平的务实，干部年轻化不会取得重大成就。

1989 年 6 月 16 日，邓小平就说过："国际上好多国家把对华政策放在我是不是病倒了或者死去了上面。我多年来就意识到这个问题。一个国家的命运建立在一两个人的声望上面，是很不健康的，是很危险的。不出事没问题，一出事就不可收拾。"这是很务实的态度，因此，邓小平在 1989 年坚决退休了，这是因为他觉得江泽民这一代领导集体干得很好，他放心了。当然退下来，也不是无事可做，主要是打打桥牌，出出主意。离休后的邓小平生活得更加惬意轻松。

可以说，求实精神是我们今天向邓小平学习的最重要的方面。当今中国，进入了社会加速转型时期，各种艰难险阻、疑难杂症纷纷出现。要想攻关夺隘、手到病除，就需要从中国的实际出发，制定契合中国国情的方针政策。这能从邓小平求实态度中获得些启发。

邓小平在南方谈话时曾说"对我们的国家要爱，要让我们的国家发达起来"〔22〕这句充满感情色彩和正能量的话，触动了我们的心灵。我们如何爱我们的国家呢？其中就是要以务实的精神，扎扎实实干事，尽快让我们的国家和民族更加富强振兴，人民生活更加幸福。

注　释

〔1〕　基辛格：《论中国》，中信出版社 2012 年版，第 321 页。

〔2〕　《毛泽东选集》第 3 卷，人民出版社 1991 年版，第 801 页。

〔3〕　毛毛：《我的父亲邓小平》上卷，中央文献出版社 1993 年版，第 315 页。

〔4〕　《邓小平文选》第 1 卷，人民出版社 1994 年版，第 323 页。

〔5〕　黄章晋：《"猫论"的由来及背后的故事》，《老人报》2014 年 3 月 12 日。

〔6〕　《邓小平文选》第 2 卷，人民出版社 1994 年版，第 38—39 页。

〔7〕　《邓小平文选》第 3 卷，人民出版社 1993 年版，第 209 页。

〔8〕　《邓小平文选》第 3 卷，人民出版社 1993 年版，第 382 页。

〔9〕　《邓小平文选》第 3 卷，人民出版社 1993 年版，第 374 页。

〔10〕　《邓小平文选》第 3 卷，人民出版社 1993 年版，第 91 页。

〔11〕　《习仲勋传》编委会：《习仲勋传》下卷，中央文献出版社 2013 年版，第 443 页。

〔12〕 谷牧:《谷牧回忆录》,中央文献出版社 2009 年版,第 366 页。

〔13〕《邓小平年谱(1975—1997)》(上),中央文献出版社 2004 年版,第 372—373 页。

〔14〕《邓小平文选》第 2 卷,人民出版社 1994 年版,第 128 页。

〔15〕《邓小平年谱(1975—1997)》(上),中央文献出版社 2004 年版,第 384 页。

〔16〕《邓小平思想年谱》,中央文献出版社 1998 年版,第 48 页。

〔17〕《三中全会以来重要文献选编》(上),人民出版社 1982 年版,第 295、300、307 页。

〔18〕《邓小平文选》第 3 卷,人民出版社 1993 年版,第 3 页。

〔19〕《邓小平文选》第 3 卷,人民出版社 1993 年版,第 381 页。

〔20〕《邓小平文选》第 2 卷,人民出版社 1994 年版,第 324 页。

〔21〕《邓小平文选》第 3 卷,人民出版社 1993 年版,第 179 页。

〔22〕《邓小平文选》第 3 卷,人民出版社 1993 年版,第 378 页。

第二章

向邓小平学习情系民生

1943 年，在太行区敌后抗日根据地，邓小平指出："人民是一切的母亲，是对敌斗争一切力量的源泉"。此后，"人民是一切的母亲"这一警句在二野广为流传，成为邓小平在太行山的名言。

1981 年 2 月 14 日，邓小平为英国培格曼出版公司出版的《邓小平文集》欣然作序。序言说道："我是中国人民的儿子。我深情地爱着我的祖国和人民。"[1]此后，"我是中国人民的儿子"在全世界流传，成为邓小平打动世界的经典语录。

1."我是中国人民的儿子"

作为人民之子，邓小平终生为人民的根本利益而奋斗。70 多年的革命生涯中，邓小平始终视人民为父母，对祖国对人民无限忠诚和热爱，以人民高兴不高兴，满意不满意，拥护不拥护，赞成不赞成，答应不答应，作为自己观察和处理问题的唯一准则；以帮助人民获得解放，摆脱贫困，让广大人民都过上幸福美好的生活，作为自己始终不渝的奋斗目标，把毕生的心血和精力都献给了中国人民。

旧中国，内忧外患，苦难深重，风雨如磐。祖国和人民渴望着解放、独立和自由。于是邓小平毅然投身革命，为拯人民于水火、救民族于危亡而奋斗：

——他作为中共中央代表，领导发动了百色起义、龙州起义，创建了红七军、红八军和右江、左江革命根据地。当时，红色区域包括 20 多个县的 100 多万人口。

——他和刘伯承率领一二九师部队，在以太行山为中心的敌后作战。到日本投降时，他们开创的四块根据地基本上连成一片，成为拥有 2400 万人口、30 万军队的全国最大的解放区。

——解放战争中，作为淮海战役总前委书记的邓小平与刘伯承、陈毅、粟裕、谭震林等，统一指挥中原和华东两大野战军，在淮海战役中歼敌 55.5 万人，创造了 60 万人民军队打败 80 万国民党军的"奇迹"。刘邓率领的部队摧枯拉朽、长驱直入，以锐不可当之势，从中原、华东一直打到大西南，迅速消灭了盘踞在云、贵、川三省的 90 多万国民党反动武装。

1949 年，新中国成立了，中国人民终于站起来了。但是，国家的经济还很落后，人民的生活还很贫穷。"现在我们能造什么？能造桌子、椅子，能造茶壶、茶碗，能种粮食，还能磨成面粉，还能造纸。但是，一辆汽车、一架飞机、一辆坦克、一辆拖拉机都不能造。"毛泽东 1954 年的这番话，客观地说明了新中国成立初期国家经济的落后状况。于是，邓小平把对祖国和人民的爱集中成为此后的奋斗目标：千方百计发展经济，使国家富强起来，使人民富裕起来。

1950 年 5 月 16 日，邓小平在西南局新闻工作会议上发表了讲话。在这篇讲话中，邓小平使用了"中心任务"的提法，明确地把"领导生产"作为"中心任务"之一。他说："西南区今天的中心任务是什么？从全区说，一是剿匪，二是完成征粮、税收、公债任务，三是领导生产（主要是农业生产），四是调整工商业、救济失业人员。"并且，他颇有远见地指出了两件事："当前，农民的生产积极性有了提高。但是开荒不要鼓励，开荒要砍树，现在四川最大的问题是树林少"；"有些东西的生产现在要减少，但十年之后还会有发展，如化妆品"。[2]上面这四项"中心任务"，除了"剿匪"外，其余三项都属于国计民生方面的问题，都是和人民群众的生产、生活紧紧相联。邓小平深刻地指出："共产党就是为发展社会生产力的，否则就违背了马克思主义理论。"[3]

"文化大革命"后期，重新复出工作的邓小平看到新中国成立 20 多年了，生产没有多大发展，许多群众的生活依然困难，心里非常着急，于是就出现了那次有名的"不握手会议"。

1975 年 3 月 5 日，中央召开了全国省、市、自治区党委主管工业的书记会议，离开会时间还差几分钟，邓小平快步走进会议厅，对于人们惊喜的目光，只报以含蓄地点头和瞬间的凝视。

几位省、市领导走上前来，笑容满面地想与他握手，邓小平却迅速地举起右手在空中摇了摇，向大家说："今天不拉手了，因为工业形势不好。"那些原本想与邓小平握手的干部一下子愣住了。

邓小平走近大家，缓缓地说："一个国家，没有物质基础，形势不好啊！"这种对1975年年初经济形势的估计，是在场的大多数工业书记心中共有的认识，但是用来代替见面的礼节，却是在场所有人都没有想到的。[4]

国家发展的形势"不好"，使忧国忧民的邓小平没有心情握手。这样的见面方式，让与会者感到了形势的紧迫和身上的责任。

在新的历史时期，邓小平为了把富民政策付诸实践，反复提出：贫穷不是社会主义，发展太慢也不是社会主义。社会主义如果老是穷的，它就站不住。他大声疾呼："国家这么大，这么穷，不努力发展生产，日子怎么过？我们人民的生活如此困难，怎么体现出社会主义的优越性？""我们干革命几十年，搞社会主义三十多年，截至一九七八年，工人的月平均工资只有四五十元，农村的大多数地区仍处于贫困状态。这叫什么社会主义优越性？"[5]所以，他把一心一意搞社会主义现代化建设，让人民尽快富裕起来，看作最大的政治，看作人民的最大利益、最根本利益，死扭住不放，一天也不耽误。

在为中国人民的解放和富裕这样的根本利益矢志奋斗的同时，邓小平一时也没有忘记关心百姓生活，帮助百姓解决实际困难。

"水流南山头，吃饭不发愁，没有邓政委，这水怎能流。"这是赤岸一带至今流传的这样一首民谣。这首民谣传唱的是当年刘邓带领129师官兵修建"漳南大渠"，造福当地百姓的故事。

1942年、1943年间，赤岸一带面临大旱威胁，春天播不上种，眼看秋天收成无望，就连村里群众日常生活饮水也成了难题。

邓小平和刘伯承连续熬了几个通宵，制定了修建一条"漳南大渠"，把清漳河水引上山来的方案。随后，邓小平又协同地方政府，亲自主持召开各种会议，研究施工方案。为解决技术问题，邓小平派人从河南请来二三十个好石匠帮助修渠，还派人从敌占区买来一台测量仪器，让政治部的两名同志专门负责搞测量。为解决修渠民工的吃饭问题，邓小平又想法给每人每天三斤小米，全部经费由师政治部付给。邓小平和刘伯承还亲自到工地同民工一起担石头，垒石堰，经常亲临现场指挥，解决各方面难题。经过军民一年零两个月的艰苦奋战，终于在 1944 年 4 月胜利建成通水。这条渠首起下温村，尾至茨村，途经 8 个村庄，全长 27 华里，使沿渠的 3500 多亩旱地变成了旱涝保收的水浇田。百姓们亲切地称这条渠为"救命源"。

人民怀念邓小平，将原漳北水渠上有一座石渡槽桥命名为"小平桥"。60 多年过去了，沧海桑田，这座桥在当地人民的精心呵护下，依然保持完整，忠实地见证着那段历史，见证着当年邓小平、刘伯承及 129 师官兵对太行山人民的一片深情。

不只太行山上，凡是邓小平生活和战斗过的地方，都留下了他对人民深情的足迹。

重庆枇杷山公园原是国民党四川省主席王陵基公馆。新中国成立前夕，王陵基携家眷逃走。1949 年 12 月初，刚组成的中共重庆市委准备把枇杷山公园作为市委办公处。当时任西南局第一书记的小平知道后，就把重庆市委书记张霖之请去，要他最好把枇杷山辟为公园。现在市委可暂住那里，以后要开辟成公园。

西南局机关撤销后，中共重庆市委由枇杷山迁往西南局机关原址，枇杷山公园已开放 40 个年头。每天都有不少游人在这里赏玩，老人在这里颐养天年。

旧时官宦之家，于今百姓之园。邓小平想的是人民。

"蜀道难，难于上青天"，这吟诵了多少年的诗句真实地再现了解放前四川的交通状况。交通的不便长期阻碍着四川与外界的联系，建设铁路成为四川人民多年的夙愿。20世纪初四川各阶层人们为了修建川汉铁路纷纷筹款，但由于清政府的腐败，导致四川人民期盼已久的川汉铁路终成为泡影，而由此演变的保路运动则沉重地打击了清王朝在中国的统治，极大地鼓舞了革命党人的斗志，直接导致了辛亥革命的总爆发。20世纪前50年的中国由于社会局势的混乱和动荡，四川人民修建铁路的愿望终没有实现。

新中国成立以后不久，邓小平担任了中共中央西南局第一书记，开始主政大西南。1949年11月30日重庆解放后，中共中央西南局作出的第一项重大决策就是"以修建成渝铁路为先行，带动百业发展，帮助四川恢复经济"，邓小平亲自主持制订了修建成渝铁路的周密计划，四川人民期盼多年的铁路梦终于变成了现实。

1950年3月21日，重庆铁路工程局（同年6月改为西南铁路工程局）成立。6月15日，西南铁路工程局在西南军区大操场举行成渝铁路开工典礼。邓小平满怀激情地说：我们进军西南时，就下决心要把西南建设好，并从建设人民的交通事业开始做起。我们今天建设成渝铁路，是在经济与设备困难的条件下开始的。8月，成渝铁路开始铺轨。经过筑路军民两年的艰苦奋斗，1952年7月1日，新中国成立以来第一条由自己设计、自己建造、材料零部件全部为国产的成渝铁路，在重庆、成都两市同时举行隆重的通车典礼。这是中国铁路史上的一个创举。成渝铁路西起成都，东至重庆，是连接川西、川东的经济、交通大动脉。它的建成不仅实现了四川人民半个世纪的夙愿，而且拉开了新中国大规模进行经济建设的序幕。

昔日蜀道难，今日变通途，邓小平想的还是人民。

民生无小事，枝叶总关情。在邓小平看来，人民利益无小事，对群众生活的关心要细致，而且要脚踏实地，真抓实干。

早在 1957 年，邓小平在西安干部会议上作的报告中指出，领导要多考虑人民的生活需要，"可以把钱用到最急需的方面去，如修下水道等"，"在人多的地方多建一些简易的商店、理发馆等，交通就不会那么紧张了。有群众的地方就要修学校"[6]。在乍暖还寒的 1975 年，邓小平又强调："一定要关心群众生活。这个问题不是说一句话就可以解决的，要做许多踏踏实实的工作。"[7] 他还曾风趣地谈道："面对群众的需要，我们考虑问题常常忽略了群众的需要。现在有各种观点，追求这个化那个化，连共产主义化也有了，就是缺乏群众观点，容易解决的问题不去解决，宁肯把更多的钱用在不适当的地方。对于花很少的钱就可以解决群众需要的问题，甚至有些不花钱也能解决的问题，却注意得不够。"[8]

1978 年 9 月 13 日，邓小平出访朝鲜回国后没有直接返京，而是不顾一路疲劳，在东北停留了一个星期，先后视察了本溪、大庆、哈尔滨、长春、沈阳、鞍山等地，随后又绕道到唐山、天津。一路上发表了许多重要讲话。

9 月 14 日，邓小平的专列直奔大庆。这是邓小平第三次视察大庆。前两次是在 20 世纪 60 年代大庆创业时期，他亲临油田，上井架，下现场，对油田的建设倾注了极大的关怀。十几年过去了，这次来大庆。邓小平流露出平日少见的兴奋。邓小平除了关心大庆的生产发展外，还提出了要用新的生产设备，把"三废"处理好，不要造成环境污染。

油田职工的生活怎样，是邓小平一直牵挂的。前两次视察大庆时，他曾就职工的衣食住行做过许多重要的指示，解决了不少难题。这次来到大庆，看到职工的生活有了很大改善，他非常高兴。邓小平十分关心大庆职工的居住和收入情况，他在询问了干打垒住房还有多少后说："大庆贡献大，房子要盖好一些，要盖楼房，要搞建筑材料。"当听到大庆标准工资平均只有44.6元时说："太低了，贡献大，应该高。"后来，他在哈尔滨召开的省委会议上说："大庆仓库那个保管员才40多元钱，太低了，可以是八级，至少是七级。这样鼓励学习，鼓励上进。"

9月19日上午，邓小平来到了唐山。这是河北省东部一座中等的重工业城市，也是享有盛名的"冀东粮仓"，在全国的经济格局中占有重要的战略地位。1976年7月28日，一场7.8级大地震，瞬间把这座有着近百年历史的名城毁为一座废墟。地震虽然已过去了两年，但唐山的生产恢复和重建情况怎样，人民的生活怎样，他要亲自来看一看。

邓小平在听取了开滦煤矿和唐钢生产恢复情况的汇报后，来到了市委第一招待所。在这里他观看了老市区和新市区的建设规划模型。听取了新唐山的建设规划的汇报之后说："过去的旧城市，一不整，二不洁，布局乱得很，不合理，不紧凑。"唐山地震"是个大灾难，是个坏事，但是要把它转化成好事，变成干净的城市。新建的城市不能脏、不能乱"。"要解决好污染问题"。"废水废气的污染，妨碍人民的健康，也反映了管理水平"。邓小平还十分关心居民的住宅建设问题。当听说开滦煤矿的住宅只恢复17.9%时，问"你们去年冬天就是勉强过来的，今年冬天呢？速度是不是可以再加快一点"。邓小平看到沿街两旁都是简易棚，心情十分沉重和不安。为了了解更多住宅区的恢复和建设情况，他冒着酷热，来到正在施工的住宅小区凤凰楼工地，并亲自指导，"门窗太小太窄，要加大"，"煤气管道要搞好，上下水道要搞好，还要有洗澡间和厕所"，"楼前楼后要种树种花种草"。邓小平问到唐山这个城市平均工资。当得知只有50元，并且取消了附加工资，老工人收入降低时，他明确指示：老工人收入降低是不行的，应该不取消附加工资，奖金照发。

从生产到城建，从住房到收入，一路走访，一路询问；一路察看，一路叮嘱，殷殷爱民之情，溢于言表。

1979 年 10 月 4 日，邓小平在各省、市、自治区第一书记座谈会上，专门提到要解决火车司机洗澡的事。他说："一九七五年整顿铁路时，遇到一个解决铁路工人主要是火车司机洗澡的问题。工人下工一身脏，要洗个澡，那么大的企业，搞些喷头有什么困难？但是没有人管。这样的例子，我相信全国可能有不少。事在人为，只要有人做，就会有效果。一摊子事，索性不解决，那也是一种态度，结果是一事无成。"〔9〕他在一些高级干部会议上说："过去领导同志到一个单位去，首先到厨房去看一看，还要看看厕所，看看洗澡的地方。现在这样做的人还有，但是不多了。"〔10〕

作为一个日理万机的国家领导人，在党的高级干部会议上，把"火车司机洗澡"作为一个问题提出来，邓小平爱民之切由此可见一斑。

为人民谋利益，更重要的是制定符合人民利益的方针政策。邓小平一贯认为，党的方针政策都必须符合人民的利益，一旦发现不符合人民群众利益的政策，就应当加以修正或改正。

1961 年 4 月，春寒料峭。北京郊区顺义县，天还是冷瑟瑟的。在这样一个乍暖还寒的时节，时任中共中央书记处总书记的邓小平，一行到顺义县深入农村调查，从 4 月 7 日至 21 日的半个月中，邓小平轻车简从，走村串户，听取和调查了张喜庄、北朗中、高丽营、北小营、木林、东沿头等十几个社队的情况；召开了县商业局、手工业局领导干部座谈会；视察了城关公社拖拉机站；参观了白庙村的公共食堂；考察了县城的集市贸易、社队工业、家庭手工业等情况，还深入农民家中进行了访问。调查中，他发现一个村 1960 年的人均收入仅 42 元，全村只有一口水井，群众生活很困难，他心里很难过。邓小平告诉县委书记要帮助穷村找致富门路，改变贫穷、落后面貌；让县里和公社各拿一部分钱，帮助这个村打两眼机井，解决吃水和 600 亩水浇地问题。由于当时把家庭副业当成资本主义的东西反掉了，他看到集市上买卖不旺，没有多少货物，于是提出，导致这种结果的原因主要是政策问题。手工业、家庭副业无论如何不能丢掉。光靠粮食生产，全县每年卖 4000 万斤粮，人均只得 4 元钱，怎么发工资？要用经济办法而不是用政治办法把生产发展起来，农村必须坚持以粮为主、全面发展的方针。对于吃食堂问题，邓小平勇敢地提出：吃食堂是社会主义，不吃食堂也是社会主义；吃食堂光荣，不吃食堂也光荣，吃不吃食堂要由群众决定；以前不管是中央哪个文件上说的，也不管是哪个领导说的，都以我现在说的为准，根据群众的意见决定食堂的去留。[11] 邓小平的这些话，说出了人民群众心里想说而不敢说的话。在那个民主制度尚不健全的年代，能够挺身而出为老百姓说话，是多么不容易啊！但邓小平这样做了。

站在人民的立场，倾听人民的呼声，反映人民的愿望，依据人民的需求来制定各种路线、方针、政策，是邓小平一以贯之的思想。他总是把人民利益作为制定决策和执行决策的最高准，把人民利益作为检验决策正确性和工作成败的根本依据。

作为改革开放的总设计师，邓小平为中国摆脱贫困、走向繁荣昌盛作出了无与伦比的卓越贡献，但他并不满足，还经常以普通公民的身份，为人民奉献爱与深情。

1991 年江淮流域发生特大水灾时，他像亿万炎黄子孙一样向灾民奉献出一片爱心，但他并不认为这值得特别宣扬，所以，中央也对此采取了低调的处理，时任国务院总理的李鹏在讲话时也只是轻轻提了一句：我们党和国家的一位重要领导人也捐了款。但他没有透露邓小平的姓名。

1992 年 6 月和 9 月，中国青少年发展基金会收到了两次总额达 5000 元的"希望工程"的捐款。捐款者没有透露姓名，使用的名义是"一个老共产党员"。经多方了解，人们才知道这位"老共产党员"就是邓小平。基金会经过反复讨论、研究，决定把此款转送给邓小平曾战斗过的广西革命老区——百色地区平果县凤梧乡仕仁村小学，资助失学的孩子重返校园。1992 年年末，受到资助的小学生给邓小平写信，用稚嫩的语言表达感激之情：我们这些做梦也在呼喊着"我要上学"的孩子又重新背上书包回到学校，我们激动得哭了。"我们感到，虽然您住在北京，离我们好远好远，但您的心与我们贴得好近好近"。信中最后写道："敬爱的邓爷爷，……我们爱您，我们想您！"〔12〕

"我是中国人民的儿子"，邓小平说这句话时已是 77 岁高龄的老人，虽不到盖棺之时，也可算是对自己一生做出了定论。16 年之后的又一个 2 月，邓小平永远地走了。

人民高度肯定了他的这个自我定论。邓小平一生为百姓，终身为人民，他把自己的毕生精力、心血乃至生命全都献给了中国人民，不愧是中国人民的优秀儿子。

2. 小康是专门为百姓设计的发展策略

1983 年 2 月，新一年的春天来了，春风首先吹绿了江南大地。

"我想到江南走一走。"邓小平向身边的工作人员提出。

"太好了，'老爷子'（家人和身边的工作人员对邓小平的尊称。——笔者注）想到哪儿去？去苏州怎么样？"

"去江南不去苏州去哪儿。""老爷子"话不多，但一旦说出来，就是掷地有声。

2 月 5 日，邓小平乘专列离开北京，第二天抵达苏州。几天后，邓小平又离开苏州，前往浙江杭州……

苏杭自古有"天堂"的美誉，二月的苏杭气候宜人，春光乍现，明媚秀丽。但此时，中国的改革开放起步不久，许多蓝图尚未绘就，作为"总设计师"，邓小平日理万机，显然并没有单纯"游春"的闲暇和雅兴。他此行有一个重要目的：为不久前提出的中国现代化建设目标的一个重要构想作可行性考察。这一重要构想即是"小康"构想。

"小康"一词，最早出自《诗经》。《诗·大雅·民劳》中说："民亦劳止，汔可小康。"意思是说，人民劳苦够了，渴望稍微得到安康。小康作为一种社会模式，最早在《礼记·礼运》中得到系统阐述。《礼记·礼运》假托是孔子说的，其实是孔门后学所述，描绘了儒家理想的社会模式。在儒家的社会理想中，小康与大同分属两个不同的社会发展阶段。大同社会是儒家理想社会的高级阶段，小康社会则是理想社会的初级阶段。由于儒学在中国古代社会中的独尊地位，小康社会也就成为中国古代影响最为深远的理想社会模式，承载了千百年来中国人对衣食无忧、平安幸福生活的期盼与向往。但两千多年来，小康社会从未得到过实现，只是作为一种理想，空悬千年。

物换星移，历史的车轮驶入20世纪80年代，邓小平创造性地将"小康"同中国现代化的目标和道路联系起来，并赋予它新的内涵。自此，"小康"与百姓生活变得前所未有的切近。

小康社会这个概念是邓小平在规划中国社会发展蓝图时提出的。

在中国，实现工业化、现代化，强国富民，是近代以来一切志士仁人不懈追求的理想，也是中国共产党人的奋斗目标。然而，由于缺乏历史经验，对中国建设社会主义现代化的艰巨性和长期性认识不足，在改革开放以前，中国共产党对在中国实现现代化进程的估计超越了实际的可能。不论是新中国成立初期的过渡时期总路线提出的实现工业化，还是后来中共八大和几次全国人民代表大会上提出的实现四个现代化，都毫无例外地认为可以在一二十年，最多三四十年内实现这个目标。改革开放以前中国共产党一贯的正式提法是在 20 世纪末实现四个现代化。而且这种现代化，"就是接近或比较接近现在发达国家的水平"[13]，是一个高标准的发展目标。

然而，我国社会生产力发展水平本来就落后，再加上长期"左"的错误特别是"文化大革命"，中国的现代化进程被延误了 20 多年。到 1976 年"文化大革命"结束时，中国的经济科技发展水平与世界先进国家相比，差距进一步拉大，现实的经济技术发展水产距离发达资本主义国家已经达到的水平甚远。离 20 世纪末的时间越来越近，届时能否实现高标准的四个现代化的目标？怎样才能实现这些目标？问题变得越来越紧迫。

邓小平一贯主张实事求是，认为，要在中国实现四个现代化，至少有两个重要的特点是必须看到的，一个是底子薄，第二是人口多，耕地少。中国要搞现代化，必须从中国的特点出发。1978 年，刚刚复出的邓小平频频出访缅甸、尼泊尔、朝鲜、日本，泰国、马来西亚、新加坡等周边国家；1979 年大年初一，他又飞越大洋彼岸，访问了美国。美国和日本两国高度现代化的"冲击力"，使邓小平更直接地感受到中国与西方发达国家的差距，更清楚地看到中国现代化的艰难，最终使邓小平开始重新定位中国 20 世纪末的现代化发展目标。

1978 年 9 月，他在朝鲜对金日成感慨地说："最近我们的同志出去看了一下，越看越感到我们落后。什么叫现代化？ 50 年代一个样，60 年代不一样了，70 年代就更不一样了。"[14]同年 10 月，邓小平在会见联邦德国新闻代表团时痛切而诚恳地表示：我们同发达国家相比较，经济上的差距不止是 10 年了，可能是 20 年、30 年，有的方面甚至可能是 50 年。我们的四个现代化，要在本世纪末达到你们现在的水平已不容易，要达到你们 22 年后的水平就更难了。

1979 年 3 月 21 日，邓小平在会见英中文化协会执委会代表团时第一次提出了中国式现代化这一概念。他说:"我们定的目标是在本世纪末实现四个现代化。我们的概念与西方不同,我姑且用个新说法,叫做'中国式的四个现代化'。现在我们的技术水平还是你们 50 年代的水平。如果在本世纪未能达到你们 70 年代的水平,那就很了不起。"[15] 随后,在中央政治局会议上,他又说:"我同外国人谈话,用了一个新名词:中国式的现代化。到本世纪末,我们大概只能达到发达国家 70 年代的水平,人均收入不可能很高。"[16] 10 月,在出席中央召开的专门讨论经济工作的各省、市、自治区第一书记座谈会时,邓小平再次指出:"我们开了大口,本世纪末实现四个现代化。后来改了个口,叫中国式的现代化,就是把标准放低一点。特别是国民生产总值,按人口平均来说不会很高。"[17]"中国式的现代化"概念的提出,表明邓小平对未来中国的发展战略有了新的认识。

那么,这种放低了标准的"中国式的现代化",是什么样的现代化呢?邓小平的思考在继续,并很快有了答案。

1979 年 12 月,日本首相大平正芳率领庞大代表团访问中国。大平正芳是著名的经济发展战略问题专家。20 世纪 60 年代初,他设计的日本经济发展十年倍增规划实施成功,使日本迅速成为世界经济强国。大平正芳在和邓小平见面时,就中国发展的长远规划问题向邓小平发问:中国将来会是什么样?整个现代化的蓝图是如何构思的?

对于大平的提问,邓小平事先没有料到,他沉思了大约一分钟,缓缓说道:"我们要实现的四个现代化,是中国式的四个现代化。我们的四个现代化的概念,不是像你们那样的现代化的概念,而是'小康之家'。到本世纪末,中国的四个现代化即使达到了某种目标,我们的国民生产总值人均水平也还是很低的。要达到第三世界中比较富裕一点的国家的水平,比如国民生产总值人均 1000 美元,也还得付出很大的努力。就算达到那样的水平,同西方来比,也还是落后的。所以,我只能说,中国到那时也还是一个小康的状态。"[18]这是邓小平第一次用"小康"这个新名词来描述未来 20 年中国的发展前景，也是第一次用"小康"代替"四个现代化"的目标。邓小平的这一回答，提出了一个影响中国未来几十年命运的重要设想。这一设想将我国现代化建设的战略目标具体化、定量化、形象化。

1984 年，邓小平又进一步补充说："我们确定了一个政治目标：发展经济，到本世纪末翻两番，国民生产总值按人口平均达到 800 美元，人民生活达到小康水平。"[19]

邓小平所说的小康社会，也不是从社会形态的意义上说的，而是指我国现代化进程中的一个发展目标。尽管把这个目标称做"社会"，但是这并非要在未来 20 年内建立一个相对独立的以"小康"命名的社会形态。作为上承温饱社会，下启基本实现现代化的小康社会，是社会主义初级阶段中的一个重要发展阶段。按照邓小平的设想，在我国人均国民生产总值达到 800—1000 美元时，我国将进入小康社会。

小康社会既然不是从社会形态的意义上讲的，为什么不沿用 20 世纪 50 年代"四个现代化"的提法？而提出"小康社会"这一新概念呢？1988 年 8 月，在与日本首相竹下登谈话时，邓小平对此做过明确地解释。他说："小康社会就是还不富裕，但日子好过。就我们来说，目标定得低一点有好处。目标定低一点是为了防止产生急躁情绪，避免又回到'左'的错误上去。"[20]

根据邓小平的构想，1982 年中共十二大正式提出从 1981 年起到 20 世纪末在 20 年时间里实现全国工农业年总产值翻两番、达到"小康"水平的战略目标。

中共十二大正式确定"翻两番"、达到"小康"的目标后，翻两番，能否翻？奔小康，如何奔？成为全党和全国人民议论的热点。当时不少人对此摇头，认为"文革"10 年后的中国经济处在全面崩溃状态，要用 20

来年时间实现总量翻两番，几乎是不可能的事。1983 年春天，邓小平来到了中国经济一直最活跃的江浙大地，他要实地考察"小康"目标的现实可行性。

江浙之行，一路之上，邓小平不停地询问当地社会经济发展情况，迫不急待地了解当地干部群众对"翻两番"的看法。到苏州的第二天，邓小平就约见陪同考察的江苏省负责人以及苏州地委、市委的负责人等，听取汇报。谈话一开始，邓小平就问："到 2000 年，江苏能不能实现翻两番？"听到江苏同志肯定的回答后，又问苏州的同志："苏州有没有信心，有没有可能？"江苏的同志告诉邓小平，苏州准备提前 5 年实现中央提出的奋斗目标。在杭州，邓小平以同样的问题问浙江省委负责人，浙江省委负责人表示到 2000 年浙江"翻两番"不成问题。当地干部的回答使邓小平非常高兴，他进一步追问："人均 800 美元，达到这样的水平，社会上是一个什么面貌？发展前景是什么样子？"苏州的同志告诉他，若达到这样的水平，下面这些问题就都解决了："第一，人民的吃穿用问题解决了，基本生活有了保障；第二，住房问题解决了，人均达到 20 平方米，因为土地不足，向空中发展，小城镇和农村盖二三层楼房的已经不少；第三，就业问题解决了，城镇基本上没有待业劳动者了；第四，人不再外流了，农村的人总想往大城市跑的情况已经改变；第五，中小学教育普及了，教育、文化、体育和其他公共福利事业有能力自己安排了；第六，人们的精神面貌变化了，犯罪行为大大减少。"[21] 听了这些介绍，邓小平很振奋，仿佛已透过苏州看到了中国未来"小康社会"的光明前景。

为期 12 天的苏杭之行给邓小平留下了美好的印象。苏杭的巨大变化和干部们对"翻两番"的肯定回答，使邓小平对"翻两番"、实现"小康"目标充满了信心。邓小平结束对苏杭等地的考察回京后不久，即约请胡耀邦、赵紫阳、万里、姚依林等谈话。他用"喜气洋洋"四个字概括了这次苏杭之行的感受。他说："这次，我经江苏到浙江，再从浙江到上海，一路上看到情况很好，人们喜气洋洋，新房子盖得很多，市场物资丰富，干部信心很足。看来，四个现代化希望很大。"〔22〕

"小康"目标的现实可行性得到验证后，邓小平开始将注意力更多地转移到"小康"目标实现之后中国的长远发展规划问题，围绕"小康社会"的构想，进一步提出了包括"小康"目标在内的分"三步走"、到 21 世纪中期"基本实现现代化"的中国长远发展战略构想。

邓小平对中国古老的"小康"一词加以灵活地改造和运用，创造性地赋予其新的内容，使"小康"一词与中国迈向现代化的进程紧紧联系在了一起，使中国老百姓体会自己的生活有了一个亲近朴实的说法。

经过改革开放 20 多年的奋斗，到 20 世纪末，我们顺利实现了"三步走"战略的第一、二步目标，人民生活总体上达到小康水平。进入新世纪，党的十六大提出了全面建设小康社会的新的宏伟目标。从奔小康到总体上实现小康，20 年间中华民族实现了历史上的伟大跨越；从总体小康到全面建设小康，新的雄心壮志在激励着中国人民抒写更为宏伟壮丽的篇章，古人空悬千年的梦想终将会在华夏大地上完全呈现。

3."小平，您好！"

1984 年 10 月 1 日。中断多年的国庆大典再度盛大上演。绚丽的彩车，整齐的方队，威武的坦克，还有首次亮相的洲际弹道导弹和卫星，依次从天安门前通过。

人们情绪高涨，举着"改革开放"、"2000 年翻两番"这样的大横幅，挥舞着花束，昂首阔步地走过来。

突然，人群中一阵喧闹。大学生队伍里意外地打出了一幅绿底黑字的大型横幅，上写四个大字——"小平您好"。

这是两次预演都没有出现过的，是规定之外的"动作"。现场很多记者一下子都愣住了。电视镜头扫过横幅，就切换到另一画面，也没有更多的停留。

数秒钟后，横幅就消失了。大学生们兴高采烈地继续向前拥去。这么几秒钟的一闪而过，却成为一个时代的最强音！

横幅是一群北大生物系学子们制作的。从1984年上半年开始，这群北大学子就在为国庆游行做准备，主要是走队列和练集体舞。

9月30日是最后一次排练。指挥部要求他们明天走过天安门广场时都挥舞蓝色的花束。因此，晚上同学们一起聚在宿舍里扎花。可是他们总感到光挥舞花束和喊口号，还不能把自己对祖国的感情充分表达出来，就决定自己动手制作一幅横标表达心意。

横标上写什么呢？大家七嘴八舌地议论起来。"教育要改革"、"改革要加速"、"加快改革开放步伐"……一个个口号提出，又迅速地被否定。讨论中学生们不约而同地想到，我们国家能有今天这样的好形势，就是因为有了党的十一届三中全会以来的好政策，有了邓小平领导的拨乱反正和改革开放。有人建议表达一下对邓小平同志的爱戴之情，提议获得了大家的赞同。

"尊敬的邓小平同志，您好！"又觉得句子长了点。于是，简化成："邓小平同志，您好！"同学们越发兴奋，干脆把姓氏也省略掉，直呼："小平同志，您好！"

找不到那么大的毛笔。他们就把抹布卷在棍子上，蘸着墨汁，写下了"小平同志您好"六个大字。

没有做横幅的布。他们就瞄准了一个同学的新床单。把六个字往床单上一比划，发现床单不够长，索性把"同志"两个字也省去了。

国庆大典必然是人山人海。为了能让更多的人看到"小平您好"，他们又卸下蚊帐杆，将横幅绑在顶端。

按规定，国庆游行不许私自夹带东西。于是，为了将横幅带进场，他们又开始"密谋"。他们先是在杆子顶端点缀了一些纸花，再在杆上缠满彩带。于是，横幅就被伪装成了一把巨大的花束。

第二天，为了将横幅顺利带进场，两名同学特地穿上了实验室的白大褂，把横幅藏在里面。他们甚至想好了托词——如果有人问起，就说白大褂代表他们专业。

还好一切都很顺利。跟随着国庆35周年的科技游行队伍，北大学生们兴高采烈地前行。当走到天安门前时，他们突然打开了珍藏在鲜花丛中的横幅，向着全中国，向着全世界，喊出了自己的心声："小平您好!"

这一画面瞬间通过电视机传到全世界，成为共和国历史上珍贵的记忆!

制作横幅的北大学生们说，并非是他们打出横幅，创造了历史，而是因为他们是在向邓小平致敬。那是邓小平的力量。

的确，这是"邓小平的力量"。邓小平一生深情地爱着祖国和人民，也赢得了人民的衷心爱戴。"小平您好"，虽然只有短短四个字，但它平常中饱含深情，质朴中透着亲切，集中而真切地表达了亿万人民对邓小平的真情与敬意。

"小平您好!"这四个字迅速传遍神州大地，成为凝聚中国人民深情久远的历史回声，成为人们对邓小平及其开创的改革开放这个时代的情感怀念。

天津市和平区文化馆的鲍和平还以此为题创作了歌曲：

往日失去的欢笑，今天又挂上眉梢；
往日捆住的双脚，今天又踏上金桥；

往日咽下的歌声，今天又跳出胸槽；

小平您好！小平您好！

往日冰封的土地，今天又荡起春潮；

往日搁浅的航船，今天又鸣笛起锚；

往日失落的一切，今天又加倍来到；

小平您好！小平您好！

《没有共产党就没有新中国》的作曲曹火星还特地为这首歌谱了曲。

列宁曾说："判断历史的功绩，不是根据历史活动家没有提供现代所要求的东西，而是根据他们比他们的前辈提供了新的东西。"[23]在理论上，邓小平创立了邓小平理论这一崭新形态的理论，实现了马克思主义与中国实际相结合的第二次历史性飞跃；在实践上，他领导全党开辟了一条中国特色社会主义道路，使人民的生活水平显著提高，综合国力大大增强。对于这样一个把人民当做母亲的人，一个深情地爱着祖国和人民的人，一个为人民的解放和富裕奋斗终生的人，人民群众怎能不对他充满深情、爱戴和尊敬?!

邓小平用自己一生对中国人民朴素真挚的爱赢得了中国人民对他朴素真挚的爱。1986年，中国科技促进发展研究中心主持"精神文明定量分析"课题调查。据对8000份问卷的统计，邓小平在中国青年"最喜欢的在世名人"中的得票数占国内外政治家得票数的71.78%，占中国政治家得票数的87.52%，高居榜首。[24]这真实地反映了邓小平在人民心中的位置。

1992年春天，邓小平的南方谈话像甘露一样，滋润了人们充满疑惑的心田，推动改革开放进入新的阶段。为了让党中央和邓小平了解大学生的心愿和思想情况，北京外国语学院、北京大学、北京语言学院等十几所首都高校的学生，联名给邓小平写了一封热情洋溢的信，谈了学习南方谈话的感受，表达了衷心拥护南方谈话的心情和为祖国的兴旺发达贡献青春年华的决心；他们还制作了一条围巾送给邓小平作为生日礼物。制作围巾的老大娘听说是送给邓小平，主动要求也写一封信："我是一个个体户，借您提出的好政策，我也发了财盖了房，……虽然我没有文化，但我愿把孙女培养成有用之人，为祖国做贡献；……共产党救了我一生，我永远不会忘"。邓小平委托中共中央办公厅给大学生们复信，转达他的感谢和对全国青年学生的问候："祝愿同学们健康成长，担负起振兴中华的重任。祖国寄希望于你们，人民寄希望于你们"。人民热爱自己的领袖，领袖对人民鞠躬尽瘁。人民和领袖水乳交融、感情真挚深厚，令人为之动容。

这一年元宵节的晚上，已经几十年没进过商店的邓小平来到上海第一百货商店，突然提出要自己买东西。他买了 4 块橡皮、4 支铅笔，分别送给 4 个孙子。家人告诉孩子，爷爷的意思是让你们"好好学习，改正错误"。闻讯围上来的人群自觉遵守秩序，但热烈的气氛几近沸腾。人们欢呼雀跃，热烈鼓掌，不少人忘情地喊着"邓爷爷您好！""小平同志，您好！"回到住处，家人问他在商店里看到了什么，他幽默地说："我看到的是一片人噢！"人民"喜欢"邓小平，每个人都渴望见到他，邓小平出行只"见到一片人"的情景并不少见。

1997 年 2 月 19 日，邓小平不幸逝世，全国同悲。治丧期间，留言簿包上了表示哀悼的黑纱，这样的特殊留言簿一共有 4 册——至今，许多页面上甚至还能看出当年哀悼者留下的斑斑泪痕，那是人民的眼泪。

毛泽东曾说："一切空话都是无用的，必须给人民以看得见的物质福利。"[25]毛泽东还提出过一个衡量个人和群众关系情况的"客观标准"，这就是"看老百姓落不落泪"。他说："联系群众这一条，也要用客观标准来衡量。比如，一个人死了开追悼会，群众的反映怎样，这就是衡量的一个标准。有些人高高在上，官位很大，称首长，好像老百姓都拥护他，其实这不能说明问题，要看最后的盖棺论定，要看开追悼会那一天老百姓落不落泪。有些干部死了，我看老百姓就不见得落泪，他是自封的群众领袖。因为你做了官，老百姓不得不和你打交道，其实公事一办完，人家就掉头而去，不大理睬你了。真正的群众领袖，到开追悼会那一天，老百姓会觉得他死了很可惜，至少不会觉得死了也好，可以省下小米。"〔26〕人民的眼泪是对邓小平一生最客观真实的评价，他是"真正的群众领袖"。

时至今日，距邓小平离世已有 17 年有余。中国越来越强大，人民越来越富裕。人民越富裕，对一代伟人的怀念和感激越真挚，因为邓小平让中国人民过上了有尊严、有奔头的好生活。人民爱他。

让我们再道一声："小平您好！"

注 释

〔1〕 郑晓国、南东风编：《我是中国人民的儿子》，中国国际广播出版社 1993 年版，第 302 页。

〔2〕《邓小平文选》第 1 卷，人民出版社 1994 年版，第 147—148 页。

〔3〕《邓小平文选》第 1 卷，人民出版社 1994 年版，第 148 页。

〔4〕 邱石编著：《共和国重大事件和决策内幕》，经济日报出版社 1997 年版，第 850—851 页。

〔5〕《邓小平文选》第 3 卷，人民出版社 1993 年版，第 10—11 页。

〔6〕《邓小平文选》第 1 卷，人民出版社 1994 年版，第 267 页。

〔7〕《邓小平文选》第 2 卷，人民出版社 1994 年版，第 27 页。

〔8〕《邓小平文选》第 1 卷，人民出版社 1994 年版，第 268 页。

〔9〕《邓小平文选》第 2 卷，人民出版社 1994 年版，第 197 页。

〔10〕《邓小平文选》第 2 卷，人民出版社 1994 年版，第 228 页。

〔11〕 刘金田：《邓小平的历程》（下），解放军文艺出版社 1994 年版，第 97—100 页。

〔12〕 刘金田：《邓小平的历程》（下），解放军文艺出版社 1994 年版，第 439 页。

〔13〕《邓小平文选》第 3 卷，人民出版社 1993 年版，第 10 页。

〔14〕《邓小平思想年谱》，中央文献出版社 1998 年版，第 76—77 页。

〔15〕《邓小平思想年谱》，中央文献出版社 1998 年版，第 111 页。

〔16〕《邓小平思想年谱》，中央文献出版社 1998 年版，第 112 页。

〔17〕《邓小平文选》第 2 卷，人民出版社 1994 年版，第 194 页。

〔18〕《邓小平文选》第 2 卷，人民出版社 1994 年版，第 237 页。

〔19〕《邓小平文选》第 3 卷，人民出版社 1993 年版，第 77 页。

〔20〕《邓小平年谱（1975—1997)》（下），中央文献出版社 2004 年版，第 1243 页。

〔21〕《邓小平文选》第 3 卷，人民出版社 1993 年版，第 24—25 页。

〔22〕《邓小平文选》第 3 卷，人民出版社 1993 年版，第 24 页。

〔23〕《列宁全集》第 2 卷，人民出版社 1984 年版，第 154 页。

〔24〕 何平、刘思扬主编：《中国人民的儿子——记者笔下的邓小平》，中共中央党校出版社 1995 年版，第 231 页。

〔25〕《毛泽东文集》第 2 卷，人民出版社 1993 年版，第 467 页。

〔26〕《毛泽东文集》第 3 卷，人民出版社 1996 年版，第 60 页。

向邓小平学习
Xiang
Dengxiaoping
Xuexi

第三章

向邓小平学习世界眼光

对近代以来中国长期落后的原因，邓小平认为，封建专制统治和对外政策上的闭关自守把中国搞得贫穷落后、愚昧无知。新中国成立以后，帝国主义联合起来封锁我们，在某种程度上中国还是被动的闭关自守，这给我们带来了一些困难。总之，系统总结经验就是：必须放眼世界，关起门来搞建设是不行的，发展不起来。

因此，邓小平说："恐怕明朝明成祖时候，郑和下西洋还算是开放的。明成祖死后，明朝逐渐衰落。以后清朝康乾时代，不能说是开放。如果从明朝中叶算起，到鸦片战争，有三百多年的闭关自守，如果从康熙算起，也有近二百年。长期闭关自守，把中国搞得贫穷落后，愚昧无知。"[1]

1. 外国的长处都要学

中国的发展离不开世界，离开中国的世界也是不完全的。开放的中国才更加有希望。随着科学技术和生产力水平的进一步提高，任何国家要发展，都不可能只依靠本国的物质条件和技术能力，必须与其他国家进行交流，互通有无。发展中国家要发展，发达国家也要继续发展。要实现这种发展，一是要有一个和平的国际环境，二是要有广泛的国际合作基础。国际间经济交往的增加，世界市场的扩大，既促进了各国和地区的经济发展，也促进了世界和平。

粉碎"四人帮"之后不久，邓小平第三次复出工作，就开始酝酿把党的工作重心转移到社会主义现代化建设上来。这个时候，他特别关注当时国际经济发展和科学技术状况。面对国外发达的经济水平和先进的科学技术，再看看中国"文革"刚刚结束时满目疮痍的国民经济和落后的科技水平，邓小平沉思着一个深刻的问题，如何迅速发展中国的社会主义经济，思考结果之一，就是必须对外开放，必须不断引进国外的资金和先进的技术。

作为第二代中央领导集体的核心，邓小平思考问题、作出决策的重要依据之一就是中国的具体国情。他多次指出，中国是一个大国，又是一个穷国，我们提出现代化的时候，必须看到这两个基本特点。这两个特点造成了我国人口多、人均资源相对不足、资金匮乏、技术水平低、经营管理落后、地区发展不平衡等状况。从这些实际出发，他一方面认为完全依靠外国资金建设我们国家是不可能的，必须立足于国内，立足于自力更生这个原则，不能完全按照别的国家的模式来建设国家。但是，另一个方面，他又认为仅仅依靠中国自己关起门来搞建设也不行，必须充分吸收外国的先进经验，充分利用外国的资金、外国的技术，来加速我们的发展。所以，邓小平反复强调我国实行对外开放的重要性，深刻地指出：关起门来搞建设是不能成功的，中国的发展离不开世界。

中国要发展，外国的长处都要学。1978 年 9 月，邓小平在出访结束后到东北三省考察工作，在听取中共吉林省委常委汇报工作时强调：经过一段时间的努力，中国面对的国际条件相对于新中国成立初期那段时间有了很大改善，比过去好得多了，这就在客观上使我们能够吸收国际先进技术、经营管理理念和经验，吸收他们的资金来为我所用。现在我们思考问题，解决问题，都不要绕过这个客观事实，这是对我们积极有利的方面。在听取中共鞍山市委负责同志汇报工作时又指出：世界在发展，我们不在技术上前进，不要说超过，赶都赶不上去，那才真正是爬行主义。我们要以世界先进的科学技术成果作为我们发展的起点。我们要有这个雄心壮志。

1977 年 9 月，在会见英籍作家韩素音时邓小平提出，我们在科技和教育方面损失了 20 年或者 30 年的时间，但我们相信中国人是聪明的，再加上不搞关门主义，不搞闭关自守，把世界上最先进的科研成果作为我们的起点，洋为中用，吸收外国好的东西，先学会它们，再在这个基础上创新，那么，我们就是有希望的。如果不拿现在世界最新的科研成果作为我们的起点，创造条件，努力奋斗，恐怕就没有希望。我们要吸收世界先进的工业管理方法，要搞科研，搞自动化。他还指出，科学技术是人类共同的财富，对任何国家都是有用的，谁利用，谁就受益；谁不利用，谁就落后。

1980 年 4 月 29 日，邓小平在接受卢森堡电视台采访时就强调，办好中国的事情，必须立足于自己，要照顾自己的特点，完全按照别国的模式来建设中国是不可能的。但是，中国自己关起门来建设也不行，必须充分吸收外国的先进经验，充分利用外国的资金，外国的技术，来加速我们的发展。我们欢迎国际资金来帮助我们发展。你们叫多国公司，我们叫合资经营，这种方式，我们是欢迎的。

学习和引进外国先进科技，也是邓小平走向世界、学习外国的重要内容。他强调，世界发达国家都注意最新的科学成果。据说他们政府头头每天办公桌上都放一张每日科技新闻。中国在清朝时搞闭关自守，"四人帮"也是搞闭关自守。科学研究方面的先进东西是人类劳动的成果，为什么不接受？接受这些东西有什么可耻的？我们要学会用经济方法管理经济。自己不懂就要向懂行的人学习，向外国的先进管理方法学习。不仅新引进的企业要按人家的先进方法去办，原有企业的改造也要采用先进的方法。1978年3月18日，在全国科学大会开幕式上的讲话中，他又指出，认识落后，才能去改变落后。学习先进，才有可能赶超先进。任何一个民族、一个国家，都需要学习别的民族、别的国家的长处，学习人家的先进科学技术。我们不仅因为今天科学技术落后，需要努力向外国学习，即使我们的科学技术赶上了世界先进水平，也还要学习人家的长处。为了解决人们的思想认识问题，邓小平明确指出先进的科学技术和经济管理方法与资本主义制度并没有本质的联系。1980年他在回答意大利记者法拉奇提问时说：资本主义要比封建主义优越。有些东西并不能说是资本主义的。比如说，技术问题是科学，生产管理是科学，在任何社会，对任何国家都是有用的。我们学习先进的技术、先进的科学、先进的管理来为社会主义服务，而这些东西本身并没有阶级性。这种不仅吸收国外先进自然科学，而且大胆吸收国外先进社会科学，诸如管理方面的文明成果来为社会主义服务的思想，为我们解放思想、扩大开放，提供了依据，指明了方向。

　　但是，邓小平也强调，我们学习外国的长处也不是盲目地学，必须要与中国的具体实际需要相结合。在1982年中共十二大上他说，我们的现代化建设，必须从中国的实际出发。无论是革命还是建设，都要注意学习和借鉴外国经验。但是，照抄照搬别国经验、别国模式，从来不能得到成功。这方面我们有过不少教训。把马克思主义的普遍真理同我国的具体实际结合起来，走自己的道路，建设有中国特色的社会主义，这就是我们总结长期历史经验得出的基本结论。

　　这一时期，在处理对外关系时，邓小平提出要打破过去长期存在的封闭状态，虚心学习和吸取全人类创造的一切文明成果，包括发达资本主义国家的一切积极成果。在日益开放的当代世界，任何国家要想取得本国经济的迅速发展，就必须加强国际合作。尤其我们可以从日本和美国学习到先进的科学技术和管理经验以及引进资金。在对日关系上，从1974年11月缔约谈判开始，到1978年10月他到日本出席条约的两国批准书互换仪式，邓小平除了极力强调反霸条款在中日和平友好条约中的基础地位外，论述较多的就是要积极关注日本现代化取得的成就，号召学习日本先进的科学技术和管理理念，努力推进中国的现代化建设。在对美关系上，邓小平提出：中美关系正常化能够为用美国先进的东西帮助我们实现四个现代化创造更加有利的条件。

　　改革开放给中国社会带来了历史性飞跃，同时也给人们的思想带来了巨大冲击。对于改革开放，赞成者有之，同时也不乏不同政见者。更有甚者，曾有人痛心哭泣，捶胸大呼：我们的社会主义是最好的制度，学习外国就是崇洋媚外，是要葬送社会主义事业的！引进外资在一定程度上扼杀了民族工业；也有人对"国产名牌"竞争时纷纷败北痛心疾首，把导致这样结果的原因归咎于大规模引进外资，提出要积极保护国产名牌。这个时候，还有人提出了这样的质疑：把外国和港澳的私人资本引进来，它符合马列主义原则吗？

面对这些议论和怀疑，邓小平不以为然。他这样回答人们，不管怎样开放，不管外资进来多少，它占的份额还是很小的，影响不了我们社会主义的公有制。吸收外国资金、外国技术，甚至包括外国在中国建厂，可以作为我们发展社会主义社会生产力的补充。我们同外国人合资经营，也有一半是社会主义的。合资经营的实际收益，大半是我们拿过来。国家和人民得到的益处大，不会是资本主义，这一点不用担心。针对人们怀疑引进外资和技术会改变我国社会主义性质，邓小平指出："人们有这样的怀疑，中国这样搞四化会不会走资本主义道路。我们肯定地说，不会。"〔2〕现在，我们国内的资产阶级已经不存在了。过去的资本家有，他们的成分已经改变了。外资是资本主义经济，在中国占它的地位。但是外资所占的份额也是有限的，改变不了中国社会制度。社会主义的特征是搞集体富裕，它不产生剥削阶级。

在大规模引进国外资金、技术的同时，邓小平还力主引进一种特殊的技术资本——国外的智力资本。在 1977 年，他就提出要接受华裔学者回国，请外国著名学者来中国讲学。1983 年 7 月，他在同中央几位负责同志谈话时说：我们搞现代化建设既缺少经验，又缺少知识，要利用国外智力，请一些外国人来参加我们的重点建设和其他各个方面的建设，要尊重人才的价值，不要怕请外国人多花了几个钱；利用国外智力的方式要灵活多样，他们长期来也好，短期来也好，专门为一个题目来也好；要大胆使用外国人才，请来之后，要很好地发挥他们的作用。要利用外国的智力，把外国人请来参加我们的重点建设以及各方面的建设，办教育，搞技术改造。在他的支持与关怀下，我国各种形式的留学人员逐年增多，许多留学人员也陆续学成回国，在现代化建设中大显身手。

1989 年我国发生了政治风波，国际上相继发生东欧剧变、苏联解体等事件。对于国内政局变化，人们议论纷纷，许多人认为这是改革开放所导致的，是西方资本主义国家利用社会主义国家急于引进国外资金、技术大搞"和平演变"的结果，认为和平演变的主要危险恰恰就来自经济领域。

在这种紧要历史关头，改革开放还要不要继续搞下去？为了澄清认识、统一思想，80多岁高龄的邓小平视察南方，强调"改革开放还要讲"。1991年，他在视察上海时说："如果不是开放，我们生产汽车还会像过去一样用锤子敲敲打打，——开放不坚决不行，现在还有好多障碍阻挡着我们。"发展经济，不开放是很难搞起来的，世界各国的经济发展都要搞开放，西方国家在资金和技术上就是互相融合、互相交流，不能说"三资"企业不是公有制经济，害怕它的发展。

此外，在南方谈话中，针对中共党内和国内不少人在改革开放问题上迈不开步子，不敢闯，以及理论界"姓资姓社"争论，邓小平明确指出：要害是姓"资"还是姓"社"的问题。判断的标准，应该主要看是否有利于发展社会主义社会的生产力，是否有利于增强社会主义国家的综合国力，是否有利于提高人民的生活水平。这就是著名的"三个有利于"标准，从此它成为我们衡量改革开放中一切工作是非得失的根本标准，当然也是衡量改革开放得失成败的标准。他鼓励上海要打破封闭意识，开拓新路，不要被"左"的声音吓倒，希望上海人思想更解放一点，胆子更大一点，步子更快一点。

邓小平提出的"三个有利于"标准，廓清了"姓资姓社"的认识迷雾，有力地突破了"左"的思想禁锢，大大解放了人们的思想。邓小平说，改革开放迈不开步子，不敢闯，说来说去就是怕资本主义的东西多了，走了资本主义道路。"三个有利于"标准提出后，局面为之一变。有的干部说：这几年之所以能够大胆干，就是因为"三个有利于"标准给壮了胆。1983年10月12日，邓小平在一次讲话中指出，对于现代西方资产阶级文化，我们究竟应当采取什么态度呢？经济上实行对外开放的方针，是正确的，要长期坚持。对外文化交流也要长期发展。经济方面我们采取两手政策，既要开放，又不能盲目地无计划无选择地引进，更不能不对资本主义的腐蚀性影响进行坚决的抵制和斗争。为什么在文化范围的交流，反倒可以让资本主义文化中对我们有害的东西畅行无阻呢？我们要向资本主义发达国家学习先进的科学、技术、经营管理方法以及其他一切对我们有益的知识和文化，闭关自守、故步自封是愚蠢的。但是，属于文化领域的东西，一定要用马克思主义对它们的思想内容和表现方法进行分析、鉴别和批判。邓小平的这些谈话内容，冲破了极"左"思潮对人们思想的束缚，在当时表现了极大的政治魄力和理论勇气。

是否善于吸收和借鉴人类社会创造的一切文明成果，并结合实际情况进行创新和发展，是一个民族兴旺、国家富强的重要标志。一个与世界隔绝的国家，是落后的国家；一个拒不接受先进文明成果的民族，绝对是没有希望的民族。必须大胆地吸收和借鉴人类社会创造的一切文明成果。邓小平认为，对人类社会创造的一切文明成果，必须采用"拿来主义"的态度和方法。1977年9月29日，在会见来京参加国庆活动的华侨、港、澳、台同胞代表时，邓小平就说：科学技术是人类劳动的成果。外国人可以用中国的成果，他们就不怕洋奴哲学。他提出，世界上最先进的成果都要学习，引进来作为基础，不管那些洋奴哲学的帽子。同年11月3日，他在会见外籍华人学者王浩时进一步说：现在我们学习外国的东西，要"拿来主义"。日本科学发展得快，就是实行了"拿来主义"。"拿来主义"不坏，都是人类劳动的成果，既然我们在人类之中，为什么不能用人类劳动的成果？

在1992年视察南方时，邓小平再一次深刻地强调："社会主义要赢得与资本主义相比较的优势，就必须大胆吸收和借鉴人类社会创造的一切文

明成果，吸收和借鉴当今世界各国包括资本主义发达国家的一切反映现代社会化生产规律的先进经营方式、管理方法。"〔3〕

2. 中美搞好关系太重要了

1979 年 11 月 23 日，清华大学一位副校长在北京市高等院校共青团工作会议上讲国际问题，其中谈到中美关系时说，"中国改善同美国的关系完全是出于策略性的考虑"，也即一种临时性的、权宜之计的行动或政策。

当时，中美建交不久，这位教授对中国对美政策的解读自然在国内外引起关注，尤其是引起中南海决策者的关注。次年 4 月 11 日，邓小平会见美联社驻北京记者时专门谈到中国对美政策，他直截了当地说，最近有位教授讲，改善中美关系完全是出于策略考虑。这不对！我们历来讲，这是一个战略决策。他还说决定改善同美国的关系，这不是从策略上考虑的，而是从战略上考虑的。6 天后，邓小平在会见随意大利共产党代表团访华的外国记者时再次说明：中国同美国保持友好关系不是权宜之计，而是长期的、战略性的政策。

邓小平始终认为，考虑国家之间的关系，要从国家自身战略利益出发，既着眼于长远的战略利益，也要尊重对方的利益，而不计较历史恩怨，不计较社会制度和意识形态的差别。1972 年 2 月 21 日至 28 日，美国总统尼克松访问中国。这是新中国成立后，美国总统对中国进行的首次访问。中美两国随后在上海发表了指导两国关系的《中美联合公报》。美国承认"只有一个中国，台湾是中国的一部分"，这标志着中美两国 20 多年相互隔绝状态的结束。尼克松此次访华也是 20 世纪国际外交史上最重大的事件之一。此时，邓小平还在江西农村"下放劳动"。1979 年 9 月 18 日，在第三次复出两年多后，邓小平才有机会设宴欢迎尼克松访华。尼克松说，回顾过去的七年，我觉得美国能为中国做些什么也许谈得太多了，而美国能从中国学些什么却谈得不够。有一点我们可以从中国获得教益，那就是中国人惯于采取长期观点，不仅考虑到几十年，而且考虑到几百年。这不仅是对全体"中国人"的盛赞，也是对邓小平的盛赞。

邓小平多次提及尼克松对推进发展中美关系上的开创之功。1975 年 4 月 1 日，在会见美国众议院领袖时，他说，一直到现在，我们还是很欣赏当时尼克松总统走出的勇敢一步，亲自到中国来，双方签订了上海公报，这是我们两国关系的转折点，是新的开端。听到邓小平对自己的评价，尼克松感慨：得到盟友国家领导人的肯定，说明我的外交不是一无是处。

虽然邓小平非常看好中美关系，但这并不影响他坚持在中美建交谈判中的底线，即中国政府在台湾问题上的原则性立场。邓小平清醒地认识到：阻碍中美关系正常化的问题，就是一个台湾问题。美国在台湾问题上的政策是有矛盾的，一方面想改善与大陆的关系，另一方面又不想丢掉台湾。1974 年 11 月，福特派国务卿基辛格访华。基辛格说，美国愿意按日本方式解决中美关系正常化问题，但要在台湾设联络处。邓小平明确回答，这不是日本方式，而是"倒联络处"方案，中国不能接受。之后，中美关系陷入停滞局面，重要原因之一就是双方在台湾问题上不能达成一致。

卡特入住白宫后，中美关系再次有了新进展。早在 1976 年 12 月，由即将离任的基辛格安排，即将担任国务卿的万斯和中国驻美国联络处主任黄镇共进工作午餐。万斯在席间说，卡特政府承诺，将坚决遵守"上海公报"。当月，万斯组成了中国问题专家小组，其中有国家安全委员会成员奥克森·伯格等，主要从政治、法律、战略方面，全面研究尼克松政府以来形成的对华关系文件。1977 年 1 月，卡特入主白宫，成为美国第 39 任总统。卡特认为中美两国建立合作关系会大大加强远东局势的稳定，并有利于美国在全球范围内同前苏联竞争，从美国的战略地位考虑，美中关系正常化是十分可取的。

1977 年 2 月 8 日，卡特就任总统还不到 20 天，就在白宫会见了中国驻美国联络处主任黄镇。会谈中，他表示，新一届政府对华政策的目标是关系正常化，"上海公报"的原则过去是，今后也将是两国关系的基石。我们的领导人可以访问中国，也希望中国国家领导人来美国访问。我不知是否有可能充当主人，来接待你们国家的领导人访问美国？

1977 年 8 月下旬，卡特派国务卿万斯到中国作"探索性访问"。24 日，邓小平会见了万斯。在会谈中，万斯对邓小平说，卡特总统把对华政策看作是美国对外政策的中心因素，而这个政策的目的就是中美关系正常化。他提出中美关系正常化后须保证美国同台湾的贸易、投资、旅游、科学交流及其他私人联系不受影响，并允许美国政府人员"在非正式的安排下"继续留在台湾。他还表示：美国政府将在适当时候发表声明，重申美国关心并有兴趣使中国人自己和平解决台湾问题，希望中国政府不发表反对美国政府声明的声明，不强调武力解决问题。如果中国接受了这些条件，美台"外交关系"和《共同防御条约》均将消失，美国将从台湾撤出全部军事人员和军事设施。

听了万斯的介绍，邓小平神情严肃地说，我们历来都强调，我们两国之间存在着一个重要问题，就是台湾问题。国务卿先生提出的关于中美关系正常化的方案，比我们签订上海公报后的探讨不是前进了，而是后退了。我们必须澄清一个事实，是美国侵占了中国的领土台湾。现在的问题是，美国要控制台湾，使中国人民不能实现自己祖国的统一。我们多次说过，要实现中美关系正常化，在台湾问题上有三个条件，即废约、撤军、断交。老实说，按日本方式本身就是一个让步，现在是要美国下决心。

1978 年 4 月，卡特总统宣布：我们希望在几个月内完全实现《上海公报》所表达的希望。这时，美国总统国家安全事务助理布热津斯基走到了中美关系正常化的前台。

布热津斯基访华，打开了中美建交谈判的大门，在中美关系正常化进程中具有里程碑的意义。1978 年 5 月 20 日，布热津斯基秘密到达北京。同行的有美国国家安全委员会的塞缪尔·亨廷顿等。在谈到中美关系问题时，邓小平重申了三个前提条件，即断交、撤军、废约，这三项条件都涉及台湾问题，并且说我们不能有别的考虑，因为这涉及主权问题。邓小平和布热津斯基这次会谈后不久，中美双方商定：中国外交部长黄华同美国驻中国联络办主任伍德科克自 7 月 5 日开始商谈中美关系正常化问题。

经过近半年的谈判，中美双方终于达成协议。1978 年 12 月 16 日，中国和美国联合发表了《关于建立外交关系的联合公报》，宣布两国政府自 1979 年 1 月 1 日起建立外交关系，并将于 1979 年 3 月 1 日互派大使并建立大使馆，美利坚合众国承认中华人民共和国政府是中国的唯一合法政府。在此范围内，美国人民将同台湾人民保持文化、商务和其他非官方关系。"美利坚合众国政府承认中国的立场，即只有一个中国，台湾是中国的一部分。"

1979 年 1 月 1 日，中国和美国正式建立外交关系。当天，卡特在日记里这样写道：今天是新年第一天，我们在为邓小平访美积极准备。我决定在肯尼迪中心为他举行盛大宴会，这样可以让更多人到现场参加。我还准备安排他去休斯敦看看，但得先听听州长和市长有何建议，我不想让邓小平在美国期间有任何尴尬。

1979 年 1 月 28 日至 2 月 4 日，应美国总统卡特的邀请，邓小平对美国进行了正式友好访问。这是中华人民共和国成立后中国领导人第一次访问美国。在访问期间，邓小平同卡特就中美关系，尤其是台湾问题以及国际形势交换了看法。中美双方签署了科技合作协定、文化协定及建立领事关系和互设总领事馆的协议。双方还同意不久后签订航空和海运协定，互派留学生，互派常驻记者等。在短短两个月的时间里，邓小平两度出现在美国《时代周刊》的封面上，成为当年最让美国公众感兴趣、关注度最高的外国领导人。邓小平以他的坦率、热情、从容和智慧，让美国、让世界领略了中国领导人的风采和开放意识。

此后，在国际共产主义运动陷入低谷、中美关系面临严峻考验的重要时刻，邓小平又一次次站上了历史舞台。1989 年 10 月 10 日，在中美关系面临严峻考验的时刻，刚刚辞去中央军委主席职务的邓小平，在人民大会堂又一次会见了来访的老朋友基辛格。邓小平对基辛格说：咱们是朋友之间的见面。你大概知道，我已经退下来了。中国要建立一个废除领导职务终身制的制度。中国现在很稳定，我也很放心。我仍然是中华人民共和国的公民，中国共产党的党员，在需要的时候，我还要尽一个普通公民和党员的义务。博士现在不当国务卿了，不也还在为国家利益和国际事务奔忙嘛！

1989 年 10 月 28 日至 11 月 2 日，在中美关系发生波动之际，作为邓小平能够接受的"解铃人"，尼克松又应邀访华。10 月 31 日上午，邓小平在会见他时，推心置腹地请他转告美国各界：请你告诉布什总统，结束过去，美国应该采取主动，也只能由美国采取主动。美国是可以采取一些主动行动的，中国不可能主动。因为强的是美国，弱的是中国。要中国来乞求，办不到。哪怕拖一百年，中国人也不会乞求取消制裁。如果中国不尊重自己，中国就站不住，国格没有了，关系太大了。中国任何一个领导人在这个问题上犯了错误都会垮台的，中国人民不会原谅的。中美关系有一个好的基础，就是两国在发展经济、维护经济利益方面有互相帮助的作用。中国市场毕竟还没有充分开发出来，美国利用中国市场还有很多事情能够做。我们欢迎美国商人继续进行对华商业活动，这恐怕也是结束过去的一个重要内容。

20世纪70年代以来，在中美关系出现重大历史转折的过程中，邓小平总是从国际政治和国际战略的角度，立足于维护中华民族的根本利益，敏锐洞悉国际形势，审慎应对中美关系。当机会出现的时候，他能够当机立断，紧紧抓住机遇，把中美关系推进一大步。同时，他高度的原则性和灵活性，敏锐的战略思维和卓越的外交智慧也得到了充分体现。

3. 只握手、不拥抱

实现中苏关系正常化，是20世纪80年代中国外交关系的重大突破。中苏两大邻国，长期处于对立状态是不正常的，对双方都不利。进入80年代之后，两国内部各自发生了变化，国际政治格局也发生了变化，这使中苏关系出现了重要转机。1984年年底，陈云手书"山重水复疑无路，柳暗花明又一村"，赠送给当时主管中苏关系的外交部副部长钱其琛，用陆游《游山西村》中的这一名句来表达对中苏关系正常化的热切期盼。

对于曾经的"老大哥"，邓小平也时刻关注期盼中苏关系正常化问题。1985年10月，邓小平会见齐塞奥斯库时，就请他给戈尔巴乔夫捎话：如果苏联同我们达成谅解，让越南从柬埔寨撤军，而且能办到的话，他或胡耀邦愿意同戈尔巴乔夫同志会见。他还说，我出国的历史任务已经完成，但为了这样一件好事，我可以破一次例。1986年9月2日，在接受美国哥伦比亚广播公司"六十分钟"节目记者华莱士电视采访时，谈到了中苏关系。他说，如果戈尔巴乔夫在消除中苏间的"三大障碍"，特别是在促使越南停止侵略柬埔寨，和从柬埔寨撤军的问题上，走出扎扎实实的一步，其本人愿意跟他见面。

苏联方面，1985年戈尔巴乔夫成为苏联领导人以后，大幅度地调整了国家的内外政策，抛弃了勃列日涅夫主义，不再干涉东欧国家事务。而后把苏联外交的重点，从东欧转向了西方，努力改善与西方发达国家，特别是同美国的关系，争取为国内的改革创造良好的外部环境。在这一背景下，如何改善和发展与这个苏联最大的邻国之间的关系，就成了其外交的一个重点。

到了 1989 年上半年，"山重水复"已一二十年之久的中苏关系，终于迎来了"柳暗花明"。中苏双方商定，两国外长于 1988 年 12 月初、1989 年 2 月初进行互访，为邓小平与戈尔巴乔夫的会见作准备。谈及与这一会见有关的问题时，邓小平特意交代：与苏联人见面时不拥抱。邓小平是用"不拥抱"这种形象说法来告诫大家：应致力于与苏联发展一种新型关系，再也不能回到 20 世纪 50 年代那种"结盟"中去，否则，将有损中国的根本利益，也会"震动世界"。1988 年 10 月 28 日，邓小平办公室秘书给李鹏总理办公室打电话，转达邓小平的意见：告诉钱其琛同志和李鹏同志，请外事小组开一次会，讨论一下钱外长访苏、苏外长来访，包括以后首脑会晤时礼遇方面的问题，定个调子，热的尺度。现在西方都在注意中苏热的情况，比如说拥抱不拥抱的问题。从外长开始，苏联一定热，我们热到什么程度？有些甚至定了的，要给苏打个招呼，比如不拥抱。拥抱会震动世界。1988 年 11 月 3 日，中央外事工作领导小组召开办公会议，会议纪要第四条写着：领导人会见时，只握手不拥抱（此点同苏方谈礼宾安排时先打个招呼，强调双方只握手问好）。

外交工作中即使提交抗议照会、互相指责之后，也要握手告别。这既是风度，也是礼节的要求。至于拥抱礼节，则是友好亲密的表现，虽然外交上经常能看到，但它不是随意可以施行的。邓小平是中国共产党对外关系的决策人之一，与苏共及其他共产党的领导人多次举行过谈判。他对国际共运史十分了解，也清楚党与党的领导人见面时那种"拥抱贴面礼"独特的政治含义：20 世纪五六十年代"社会主义阵营"的那种结盟，以及随后苏联东欧"大家庭"的那种"抱团"。邓小平这一指示意义深远，不仅仅是一个礼宾问题，而是关乎到两国关系的定位。这简单的6个字，蕴含着深刻的政治内容和长远的战略考虑，对开始发烧的中苏关系注射了一针冷静剂，一方面是为制止苏方的"热"，另一方面也警告我们自己：要有一定的热度，但不能过度。这充分体现了邓小平高瞻远瞩、举重若轻的战略家风范。

中苏领导人高级会晤之前，两国外长互访，为邓、戈高级会晤进行了铺垫准备。中苏两国外长已经有30多年没有来往了。在20世纪80年代，他们只是在纽约联合国大会期间，曾见过几次面。因此，钱其琛外长把这次出访苏联看得很重，称之为"破冰之旅"。对于姗姗来迟达30多年之久的这次中苏外长互访，两国高层自然寄以厚望。1988年12月1—3日，钱其琛到达莫斯科，开始对苏联进行为期三天的正式访问。这是30年来中国外交部长首次踏上苏联的领土。他在访问莫斯科时就开始执行邓小平的指示，中苏双方人员"只握手，不拥抱"。2日，戈尔巴乔夫在克里姆林宫会见了钱其琛外长。这是他作为苏共中央总书记，继1985年春、冬两次在莫斯科会见李鹏副总理以后，第三次会见重要的中国官方人士。此时的戈尔巴乔夫才不过五十七八岁，但入主克里姆林宫已快4年。当时，他正在大力推行旨在使苏联摆脱"停滞"困局的"新思维"。在接见钱其琛时，戈尔巴乔夫主动说：对苏中之间过去发生的一些事情，苏方"也有过错"。这是在长达1小时40分钟的会见中，戈尔巴乔夫所说最有分量的一句话。苏联最高领导人正式向中方承认有过错，是经过深思熟虑、有备而讲的，这在中苏关系史上是比较少见的。

整整两个月后，1989年2月2日至4日，苏联外长谢瓦尔德纳泽对中国进行了回访。这是新中国成立40年以来，对中国进行正式访问的第一位苏联外交部长。会见中，邓小平说出了"世纪经典"的8个大字："结束过去，开辟未来"。他还扼要点明了与戈尔巴乔夫见面时，大体上讲些什么，怎么讲。后来，邓小平与戈尔巴乔夫会见时发表的那篇运筹帷幄达3年多，成竹在胸的"5·16谈话"，便是他与苏联外长这次谈话的深化与扩展。谢瓦尔德纳泽在交谈中说，戈尔巴乔夫拟于5月中旬访华，称与钱其琛外长已经谈了这个问题。他显然是打了个马虎眼，想让邓小平先确认戈访华的日期，使之成为既成事实，以避开苏方依然感到有点棘手的一些问题。但邓小平已从陪见的钱其琛那里得知，双方在某些问题上分歧仍较大，尚未商定此访日期，便识破了这个小计谋，轻描淡写地说：两位外长的谈话还未结束，希望你们继续工作。他还幽默了一句：访问日期由两位来定，"我听你们指挥"。

1989年5月15日，戈尔巴乔夫如期到达北京，实现了两国领导人的高级会晤。当时，鲁培新已经成为外交部礼宾司的副司长，负责安排会晤事宜。当时，苏联外交部门的礼宾司司长前来会谈邓小平与戈尔巴乔夫会面的安排，鲁培新明确表示：中方建议两人只握手，因为东方人没有拥抱的习惯，请向戈尔巴乔夫转达。对方司长听后表示理解。邓小平与戈尔巴乔夫正式会面时，鲁培新就跟在戈尔巴乔夫的身后。戈尔巴乔夫见到邓小平时，确实没有忘记这一"提醒"，只与这位中国领导人握手，不过两人握手的时间相当长，整整35秒钟。他回忆当时的情景说：幸好，两人最终没有拥抱，只是握了手。鲁培新说，当时邓小平说了一句话，让他至今记忆犹新。邓小平说：我等了你3年，终于等到了。

会谈中，邓小平开门见山地指出：我们这次会见的目的是八个字：结束过去，开辟未来。还说：现在结束过去，过去的事情完全不讲恐怕也不好，总得有个交代；对于中方的看法，不要求回答，也不要辩论，可以各讲各的；历史账讲了，这些问题就"一风吹"，把重点放在未来。邓小平简明地回顾了列强侵华的历史之后，花了大约四五十分钟时间，着重谈中俄、中苏关系，回顾了近一二百年来两国关系的演变。他谈及六十年代的中苏论战时，说自己是"当事人"之一，"扮演了不是无足轻重的角色"，经过 20 多年的实践，回过头来看，双方都讲了许多空话，现在我们也不认为自己当时说的都是对的。对于这场大论战的是非，我国从未作出过正式表态。站在国家的角度，邓小平首次作出了这样的评价。

邓小平强调：中苏关系正常化包括两国、两党关系的正常化。两国当时依然承认彼此的社会主义性质。会谈中，邓小平还花了将近 20 分钟时间专门谈发展马克思主义和建设社会主义两大问题。他指出：马克思去世以后 100 多年，究竟发生了什么变化，在变化的条件下，如何认识和发展马克思主义，"没有搞清楚"。他还说：各国必须根据自己的条件建设社会主义，固定的模式是没有的，也不可能有；墨守成规的观点只能导致落后，甚至失败。

坐在曾震撼过世界的这位"传奇人物"身旁，戈尔巴乔夫的崇敬之情显而易见。他一直聚精会神地听邓小平在讲，不时边听、边记、边点头，连连说："对"，"是的"，"同意"，"完全赞同"。中苏高级会见结束，历时两小时又 30 分钟，比原定的"超长"会谈时间还超出了半个小时。

次日上午，邓小平和苏联最高苏维埃主席团主席、苏共中央总书记戈尔巴乔夫宣布，中苏两国关系实现了正常化。

这次邓小平是以"中央军委主席"和"国家军委主席"身份会见戈尔巴乔夫的。1989 年 9 月 4 日，与戈尔巴乔夫会见后不久，邓小平就致信中共中央政治局，恳切希望中央批准他辞去"现任职务"。邓小平保留了上述职务到与戈尔巴乔夫会见，这表明他对这位苏联最高领导人举行会见，共同宣布中苏关系实现正常化的高度重视与热切期盼。

4. 和平与发展是主题

时代主题，也即相当长一个历史时期内世界经济政治发展的总趋势和国际形势的总体特征。把握时代主题，首先是怎么看待战争与和平，这是最高的战略判断。在国际共产主义运动史上，对战争与和平关系的认识，一直受传统的"帝国主义就是战争"观点的影响，认为只要帝国主义存在，世界战争就不可避免，世界大战的危险始终存在。

苏共 20 大后，中苏两党在国际共产主义运动中的路线、策略以及对对方国内政策等几个方面产生了意见分歧。苏联党以"老子党"自居，要求中共服从它的全球战略，当然遭到中国共产党的拒绝。中印边界冲突发生后，苏联领导人不问是非曲直，公开指责中国。这样，中苏分歧逐渐公开化了。1966 年 3 月，苏共二十三大，中共没派人参加，从此就断绝了两党关系。1969 年 3 月，苏联又制造了珍宝岛流血事件，挑起边界冲突，并在中苏边境陈兵百万和驻军蒙古人民共和国，严重威胁中国安全，把中苏关系推向战争边缘。

珍宝岛事件之后，中国共产党即已开始逐步调整对外战略方针，并形成三个世界划分理论。其实，早在《新民主主义论》中，毛泽东就提出，第一次世界大战特别是十月革命以后，各国民族解放运动已变成无产阶级社会主义世界革命的一个组成部分，提出："不管被压迫民族中间参加革命的阶级、党派或个人，是何种的阶级、党派或个人，又不管他们意识着这一点与否，他们主观上了解了这一点与否，只要他们反对帝国主义，他们的革命，就成了无产阶级社会主义世界革命的一部分，他们就成了无产阶级社会主义世界革命的同盟军。"[4] 1946 年 8 月，毛泽东和美国记者安娜·路易斯·斯特朗谈话时，指出：美国和苏联中间隔着极其辽阔的地带，这里有欧、亚、非三洲的许多资本主义国家和殖民地、半殖民地国家。美国反苏战争的口号，在目前的实际意义，是压迫美国人民和向资本主义世界扩张它的侵略势力。毛泽东号召美国人民和一切受到美国侵略威胁的国家和人民团结起来，反对美国反动派及其走狗的进攻。

1956年，苏伊士运河事件的爆发，更加暴露了帝国主义之间矛盾的尖锐化。毛泽东当即指出：从这个事件可以看出当前世界斗争的重点。当然，帝国主义国家跟社会主义国家的矛盾是很厉害的矛盾，但是，他们现在是假借反共产主义之名来争地盘。在那里冲突的，有两类矛盾和三种力量。两类矛盾：一类是帝国主义跟帝国主义之间的矛盾，即美国跟英国，美国跟法国之间的矛盾；一类是帝国主义跟被压迫民族之间的矛盾。三种力量：第一种是最大的帝国主义美国，第二种是二等帝国主义英、法，第三种就是被压迫民族。通过对上述三种力量的分析，初步阐述了三个世界划分的基本思想。

1974年2月22日，毛泽东在会见赞比亚总统卡翁达时，提出了关于三个世界划分的理论，号召联合起来反对霸权主义。他说：美国、苏联是第一世界。日本、欧洲、加拿大属于中间派，是第二世界。中国和赞比亚属于第三世界。第三世界人口很多。亚洲除了日本都是第三世界，整个非洲都是第三世界，拉丁美洲也是第三世界。按照毛泽东的这一思想，苏、美两霸是第一世界，它们互相争夺世界霸权。占世界人口大多数的第三世界国家和人民，是反帝、反殖、反霸的主力军。占世界人口五分之一的中国，已经由当年的半殖民地、半封建国家变为强大的社会主义国家，和其他坚持反帝反霸的社会主义国家一道，坚定地站在第三世界一边，成为第三世界中不可动摇的力量。在上述两者之间的发达国家，如英国、法国、西德、日本等是第二世界。它们具有两面性，是第三世界在反霸斗争中可以争取或联合的力量。这个战略思想有着丰富的内容和重大的现实指导意义。

1974年4月10日下午，纽约，联合国大会第六届特别会议上，中国政府代表团团长邓小平健步走上联合国大会讲台，望着台下 100 多个国家的代表团和众多的记者，从容地摊开讲稿，开始了他极富特性的发言。他精辟地阐述了毛泽东提出的"三个世界"的理论，强调中国是一个社会主义国家，也是一个发展中国家，中国属于第三世界。中国同大多数第三世界国家具有相似的苦难经历，面临共同的问题和任务。中国现在不是，将来也不做超级大国。如果中国有朝一日变了颜色，变成一个超级大国，也在世界上称王称霸，到处欺负人家，侵略人家，那么，世界人民就应当给中国戴上一顶社会帝国主义的帽子，就应当揭露它，反对它，并且同中国人民一道，打倒它。我们主张，在和平共处五项原则的基础上努力发展同第三世界各国的友好关系，加强与第三世界和一切可以联合的力量的团结，反对霸权主义，维护世界和平，发展民族经济，建设好各自国家。中国把坚决同第三世界其他国家一起为反对帝国主义、霸权主义、殖民主义而斗争看作是自己神圣的国际义务。邓小平还庄严声明：中国坚决反对任何形式的霸权主义，自己也决不搞霸权主义。这是在恢复联合国合法席位后，中国首次派遣高规格代表团出席这样一个重要会议。邓小平的发言震动了整个会场，赢得了广大发展中国家的称赞。发言结束后，许多国家的代表纷纷上前与邓小平握手致意。与此同时，世界各大报和电台也纷纷报道邓小平的发言，中国政府的外交影响力又一次震动了全世界。

邓小平认为，毛泽东根据新的国际形势，以国家利益和世界人民利益为出发点，以广阔的视野，以经济和军事实力以及政治态度来划分世界非常正确。1977 年以后，他仍然说：国际形势变化很大，许多老的概念、老的公式已不能反映现实，过去老的战略规定也不符合现实了。原来存在的两个阵营都瓦解了，两个阵营中间存在的中间地带也发生了变化，根据这个新形势的发展，毛主席概括地提出了新的战略规定。在他看来，"三个世界"划分理论揭示出当代世界存在两个最根本问题：第一是反对霸权主义，维护世界和平。当今世界不安宁的根源源于霸权主义的争夺，它损害的是第三世界国家的利益；第二是原料和发展问题，即"南北"问题。殖民主义、帝国主义、特别是超级大国的掠夺和剥削，使得贫国愈贫，富国愈富，贫国和富国的差距越来越大。两个超级大国、霸权主义为自己设置了对立面，它们以大欺小、以强凌弱、以富压贫，不仅激起了第三世界和全世界人民的强烈反抗，而且也激起了第二世界发达国家的强烈不满。当今世界，世界和平力量的增长超过了战争力量的增长。这个和平力量，坚决反对霸权主义、维护世界和平，主力是第三世界，其次还应该包括美苏以外的发达国家即第二世界以及美国和苏联的人民，这些力量应该团结起来反对推行霸权主义的美国和苏联两个超级大国，维护世界和平。

从 20 世纪 80 年代初期起，国际形势与国际关系特别是大国关系发生了重大变化与调整，开始从紧张转向缓和，从对抗转向对话；资本主义世界的生产关系发生了重要调整，获得新的生机；各国经济合作愈趋密切，相互依存加深。邓小平据此调整了之前对于世界战争与和平的判断，指出世界大战不是不可避免，而是可以避免，进而提出当今世界的时代主题是和平与发展的著名论断。邓小平说：大战打不起来，不要怕，不存在什么冒险的问题。以前总是担心打仗，每年总要说一次。现在看，担心得过分了。他认为至少十年打不起来。他还明确指出，到 20 世纪末以前，世界大战打不起来，我们可以集中精力进行社会主义现代化建设。1985 年，邓小平再一次指出：过去我们的观点一直是战争不可避免，而且迫在眉睫。我们好多的决策，包括一、二、三线的建设布局，"山、散、洞"的方针在内，都是从这个观点出发的。这几年我们仔细地观察了形势，由此得出结论，在较长时期内不发生大规模的世界战争是有可能的，维护世界和平是有希望的。对于总的国际局势，他的看法是，争取比较长期的和平是可能的，战争是可以避免的。根据对世界大势的这些分析，以及对我们周围环境的分析，我们改变了原来认为战争的危险很迫近的看法。

邓小平认为，如果世界和平的力量发展起来，第三世界国家发展起来，争取比较长期的和平是可能的，不发生大规模的世界战争是可能的。邓小平预测的"两股力量"的发展和"两个可能"，描绘出持续的世界和平态势，勾画出可以利用的世界和平机遇期。在此基础上，邓小平果断地作出了当今时代主题转换的新判断，进一步阐述了他关于时代主题的思想。他说："现在世界上真正大的问题，带全球性的战略问题，一个是和平问题，一个是经济问题或者说发展问题。和平问题是东西问题，发展问题是南北问题。概括起来，就是东西南北四个字。南北问题是核心问题。"[5]还有其他许多问题，但却不像这两个问题关系全局，带有全球性、战略性的意义。邓小平提出"和平与发展"是当代世界的两大主题，是对世界各种矛盾的普遍性和规律性的深刻认识，是以 20 世纪 80 年代的世界格局变化为基础的。此后，邓小平多次在不同场合阐述了和平与发展是当今时代主题这一极为重要的论断。

正是基于对时代主题的这种判断，以邓小平为核心的党中央及时调整了中国的对内对外政策，坚决地把全党全国的工作重点转移到经济建设上来，提出了到 21 世纪中叶基本实现社会主义现代化的宏伟任务。根据邓小平的这一科学论断，中共十三大明确把"和平与发展是当代世界的主题"载入史册。邓小平理论也正是在和平与发展成为时代主题的历史条件下，在对世界形势和时代发展进行科学分析的基础上形成和发展起来的。邓小平时代主题论的提出，为中国和平发展路线图判定了全新的历史坐标，为实现中华民族伟大复兴的中国梦找到了精准的逻辑起点、奠定了坚实的理论基石。

注　释

〔1〕《邓小平文选》第 3 卷，人民出版社 1993 年版，第 90 页。

〔2〕《邓小平文选》第 2 卷，人民出版社 1994 年版，第 235 页。

〔3〕《邓小平文选》第 3 卷，人民出版社 1993 年版，第 373 页。

〔4〕《毛泽东选集》第 2 卷，人民出版社 1991 年版，第 671 页。

〔5〕《邓小平文选》第 3 卷，人民出版社 1993 年版，第 105 页。

向**邓**小**平**学习
Xiang
Dengxiaoping
Xuexi

第四章

向邓小平学习领导艺术

　　邓小平是中国改革开放和现代化建设的"总设计师"，是建设有中国特色社会主义理论的创立者。他善领兵打仗，又善谋划国计民生；他敢冒天下之大险，又敢干天下之大事。在半个多世纪的革命和建设生涯中，他"三落三起"，凭借着对党和国家事业的忠贞不渝，丰富的斗争经验和卓越的个人才智，创造了举世瞩目的伟大业绩，也炼就了目光远大、思维开阔、统率全局的高超领导艺术。

1. 想大事、抓大事

邓小平一直强调：党委如何领导？只能管大事，不能管小事。但真正抓好大事，确实很不容易。在推进改革开放和社会主义现代化建设的伟大进程中，邓小平善于驾驭全局、统筹兼顾。他不仅抓住主要矛盾和矛盾的主要方面不放，而且深刻把握多种矛盾及其各个方面相互之间的内在联系，总揽经济社会发展的整个链条。

解放战争时期，刘邓大军挺进中原，就是邓小平过人胆识和才干的生动体现。1947 年 3 月，国民党集中重兵聚集陕北和山东，进行重点进攻，形势十分严峻。黄河，从陕北到山东呈"乙"字形。蒋介石的战略企图是，集中主力于陕北、山东两翼，实施进攻，而将南线解放军压缩在"乙"字形的弧内，聚而歼之。联系两翼的战线中央，则凭借黄河天险只部署少量兵力防御，就像一个哑铃，两头粗，中间细，中央部分就成了要害和薄弱部分。而刘邓大军所在的晋冀鲁豫战场是连系东西两战场的中间地带，正像这个哑铃的"把"。这也是国民党军兵力较为空虚的一段。为了粉碎敌人的重点进攻，毛泽东采用了围魏救赵的办法，调动刘邓大军进攻中原大别山地区，这等于将一把大刀插入敌人的心脏，迫使敌人调动对我重点进攻的部队抽回守中原，达到即能粉碎敌人的重点进攻又能将作战区引向敌战区的目的。中共中央交给刘邓大军的任务，就是砍断这个"把"，把战争引向国民党统治区域。邓小平对他的部下说：我们晋冀鲁豫好似一根扁担，挑着陕北和山东两大战场。我们要坚决执行党中央、毛主席的战略方针，责无旁贷地打出去，把陕北和山东的敌人拖出来。我们出去挑的担子越重，对全局就越有利。这种进攻战是在中外战史上空前未有的，毛泽东对此也很担心，分析了三种可能性：一站住脚；二打散了；三退回来。刘邓大军冒天下之大险，为了实现跃进大别山、夺取中原的战略计划，采取三军配合、两翼牵制的周密部署。三军配合，即由刘伯承、邓小平率领的晋冀鲁豫野战军主力从中央突破，挺进大别山；以陈毅、粟裕率领的华东野战军主力为左后一军，挺进苏鲁豫皖地区；以陈赓、谢富治率领的晋冀鲁豫野战军一部为右后一军，挺进豫陕鄂地区。两翼牵制是：以西北解放军在陕北出击榆林，调动胡宗南军北上；以山东解放军在胶东展开攻势，继续把进攻山东的国民党军队引向海边。两翼牵制便利了三军的配合。这三路大军，互相策应，在黄河与长江之间的广大地区形成了一个"品"字形的战略态势，这就牵制了南线国民党军一半以上的兵力。在 4 个月的作战中，三路大军互相配合，共歼敌 19 万 5 千人。1947 年 12 月底，三路大军在豫南的遂平、西平地区胜利会师，三个解放区联成了一片，创建了江淮河汉之间的中原解放区，使中原地区由国民党军队进攻解放区的重要后方变成了人民解放军夺取全国胜利的前进阵地，从而打乱了国民党军在南线的战略部署，有力地配合了西北和山东野战军粉碎国民党军的重点进攻，极大地缓解了老解放区的军事压力，也加速了人民解放战争的胜利到来。

在粉碎"四人帮"后整整两年的时间里，当时主持中央工作的同志坚持"左"的政治路线，加上受"两个凡是"的影响，党和国家的工作一直处于徘徊前进的局面。为了进一步推动真理标准问题大讨论，形成广泛的思想解放运动，1978 年下半年，邓小平视察了东北三省以及唐山和天津等地，并发表了一系列重要谈话。这些谈话后来被学界称为"北方谈话"。他本人曾形象地称谈话为"点火"，说自己到处点火，在这里点了一把火，在广州点了一把火，在成都也点了一把火。在"北方谈话"中，邓小平指出，要从实际出发，利用各种现有条件，实现四个现代化，切实加速前进的步伐。他特别强调，应该在适当时候结束全国性的揭批"四人帮"的群众运动，把党和国家工作的重点转移到四个现代化建设上来。

1978年11月10日至12月15日，中共中央在北京召开了工作会议，这次会议是为即将召开的党的十一届三中全会作准备。会上，在邓小平、陈云等同志的努力之下，会议冲破了讨论经济问题的事先设定议题，使党和国家的工作重点转移、纠正"左"倾错误、统一全党思想成为中心议题。12月13日，邓小平在中央工作会议闭幕会上作了《解放思想，实事求是，团结一致向前看》的著名讲话。邓小平在讲话中明确指出，解放思想是当前的重大政治问题，解放思想，开动脑筋，实事求是，团结一致向前看，首先是解放思想。只有思想解放了，我们才能正确地以马列主义、毛泽东思想为指导，解决过去遗留的问题，解决新出现的一系列问题，正确地改革同生产力迅速发展不相适应的生产关系和上层建筑，根据我国的实际情况，确定实现四个现代化的具体道路、方针、方法和措施。只有解放思想才能实事求是，并且提出将党和国家的工作重点转移到四个现代化建设上来。邓小平的这个讲话为即将召开的十一届三中全会提出了根本指导思想。

1978年12月18日至22日，中国共产党召开了十一届三中会会。会议的主要议题，是把全党工作重点转移到社会主义现代化建设上来。围绕这一议题，全会讨论决定了一系列关系党和国家前途命运的重大问题。十一届三中全会，结束了粉碎"四人帮"后党和国家的工作在徘徊中前进的局面，作出了全党工作重点转移到社会主义现代化建设上来的重大方针，开创了我国社会主义建设的新局面，实现了在共和国历史上具有深远意义的一次伟大转折。十一届三中全会以后，中国共产党在以邓小平为核心的第二代中央领导集体的领导下，开始了我国历史上新的伟大创业——

建设中国特色社会主义的历程。

中共十一届三中全会以来，邓小平和党中央提出一系列"两手抓，两手都要硬"的战略方针，包括：一手抓改革开放，一手抓打击犯罪；一手抓经济建设，一手抓民主法制；一手抓改革开放，一手抓惩治腐败；一手抓物质文明，一手抓精神文明。在这一系列"两手抓"的方针中，关键是一手抓物质文明，一手抓精神文明，实质是协调两个文明建设的关系。坚持两手抓，两手都要硬，成为有中国特色社会主义现代化建设的一个根本方针。

"两手抓，两手都要硬"的方针，语言通俗而形象、简洁而明确，体现了邓小平一贯的语言风格。其实，对于"两手抓"的方针，早在"文革"后期主持全面整顿工作期间，邓小平便已经有了这种思想的雏形。1975年3月5日，在中央省、市、自治区委员会主管工业的书记会议上所做的报告曾谈道：要抓革命，促生产，促工作，促战备。针对当时有的同志只敢抓革命，不敢抓生产，以及"抓革命保险，抓生产危险"错误言论进行了严肃批评。那么，正确的态度是什么？显然是"革命"与"生产"两不误、两手抓。只不过，邓小平当时没有这么说。"文革"结束后，针对新时期出现的新情况、新问题，邓小平多次用"两手抓"来表达做领导工作要全面、协调的思想。1979年6月，在会见日本客人的时候，邓小平针对中国法制极不健全和社会上出现的群体事件谈道：民主和法制，这两个方面都应该加强，过去我们都不足。这好像两只手，任何一只手削弱都不行。1982年4月，在中央政治局讨论"关于打击经济领域中严重犯罪活动的决定"的会议上，邓小平明确提出："我们要有两手，一手就是坚持对外开放和对内搞活经济的政策，一手就是坚决打击经济犯罪活动。"[1]根据这一精神，中共十二大郑重提出：我们在发展社会主义事业的新时期，从思想上到行动上一定要坚持两手：一手是坚持对外开放、对内搞活经济的政策，另一手是坚决打击经济领域和政治文化领域中危害社会主义的严重犯罪活动。1986年1月17日，邓小平在中共中央政治局常委会上说：搞四个现代化一定要有两手，只有一手是不行的。所谓两手，即一手抓建设，一手抓法制。1989年6月9日，他又指出：80年代初建立经济特区时，他与广东同志谈，要两手抓，一手抓改革开放，一手抓严厉打击经济犯罪，包括抓思想政治工作。就是两点论。但今天回头来看，出现了明显的不足，一手比较硬，一手比较软。一硬一软不相称，配合得不好。此后，邓小平在视察南方的谈话中又一次重申：要坚持两手抓，一手抓改革开放，一手抓打击各种犯罪活动。这两只手都要硬。

在讲"两手抓"问题时，邓小平几乎每次都指出，当时存在"一手比较硬，一手比较软"的现象，这在当时具有很强的针对性。正是在上述思想的基础上，1992年中共十四大明确提出："坚持两手抓，两手都要硬"，"物质文明和精神文明都搞好，才是有中国特色的社会主义"。中共十四大以后，在中共中央领导人讲话和中央文件中，"一手抓物质文明建设，一手抓精神文明建设"的思想得到强调，出现的频率很高。

以包产到户为内容的家庭联产承包责任制是农业管理体制的一场重大改革。邓小平说：农村搞家庭联产承包这个发明权是农民的，农村改革中的好多东西都是基层创造出来的，中央把它拿来加工提高作为全国的指导。1978年年底，安徽省凤阳县梨园公社小岗生产队20户农民（两户单身），聚在村里一间屋里，他们神态极为严峻地写下了一纸契约：

"时间：1978年12月地点：严立华家

我们分田到户，每户户主签字盖章，如此后能干，每户保证完成每户全年上交公粮，不在（再）向国家伸手要钱要粮。如不成我们干部作（坐）牢杀头也干（甘）心，大家社员们也保证把我们的小孩养活到18岁。"

包产到户，这也是"家庭联产承包责任制"的雏形。他们哪里知道，这个小小的契约，却预示着中国农村一场大变革的开始。1979 年，小岗村卖给国家粮食 12497 公斤，超过政府计划的 7 倍；卖给国家油料 12466 公斤，超过国家规定任务的 80 倍。还有钱，小岗农副产品收入 47000 元，平均每人 400 多元。包产到户的结果却是提高了农民生产的积极性主动性，极大地提高了生产力水平。

对于这场中国农村改革的开创之举，邓小平给予了全力支持。对于家庭联产承包责任制，并不是满堂喝彩。1979 年夏，安徽诞生一首讨伐大包干的诗：集体干分掉了，人心干死掉了，干部干瘫掉了，耕牛干死掉了，农具干毁掉了，机械干锈掉了，公房干倒掉了，大田干小掉了，科学干停掉了，公活干歇掉了，教育干低掉了，贫富干大掉了。对此，邓小平明确指出：农村政策放宽以后，一些适宜搞包产到户的地方搞了包产到户，效果很好，变化很快。安徽肥西县绝大多数生产队搞了包产到户，增产幅度很大。"凤阳花鼓"中唱的那个凤阳县，绝大多数生产队搞了大包干，也是一年翻身，改变面貌。有的同志担心，这样搞会不会影响集体经济，这种担心是不必要的。我们总的方向是发展集体经济。实行包产到户的地方，经济的主体现在也还是生产队。可以肯定，这些地方将来只要生产发展了，农村的社会分工和商品经济发展了，低水平的集体化就会发展到高水平的集体化，集体经济不巩固的也会巩固起来。关键是发展生产力，要在这方面为集体化的进一步发展创造条件。

1980 年 9 月，根据邓小平谈话精神，中央召开了各省市自治区第一书记座谈会。会后，中央印发了《关于进一步加强和完善农业责任制的几个问题的通知》，对包产到户的形式予以肯定，公开接受用包产到户的办法解决中国农村的贫困。"大包干，大包干，直来直去不拐弯，交够国家的、留足集体的、剩下全是自己的。"由于"包产到户"从根本上打破了农业生产经营和分配上的"大锅饭"，使农民有了真正的自主权，因此受到中国各地农民的广泛欢迎。到 1981 年，家庭联产承包责任制已经在中国农村绝大部分地区推广。1981 年 12 月，中央召开了全国农村工作会议，对全国各地实行农业生产责任制的情况作了进一步总结。这次会议的召开，使我国农村各种形式的生产责任制更加健全和完善，在农业生产中发挥了巨大的作用。在新的历史条件下，农业生产责任制加强了工农联盟，激发了亿万农民的积极性，有力地促进了生产力的发展，改善了广大农民的生活。此后，继续不断稳固和完善家庭联产承包责任制，延长土地承包期，鼓励农民发展多种经营，使广大农村地区迅速摘掉贫困落后的帽子、逐步走上富裕的道路。

一篇报告文学《丹凤朝阳》中这样描写：一只凤凰从天而降，落到凤阳县境内，亭亭玉立，金碧辉煌。凤凰忽见一瞎眼老妇，遂展其光彩，老人立即重见光明，这是凤阳老早的一个传说了。作者说：实行大包干之后，"神话变成了现实"。

邓小平想大事，干大事，解放思想，实事求是，一切从实际情况出发研究新情况、寻找新办法、解决新问题，胆子大，步子稳，通过不断总结经验开拓新路，并敏锐地抓住群众中涌现出来的新事物、新创造，精心加工提高，有力地推动了经济快速发展和社会的全面进步。

2. 干起来再说，不对抓紧改

日夫科夫在回忆领导保加利亚改革的过程时说过，当 20 世纪 80 年代中期，提出体制改革问题时说，高级干部中除很少人外，绝大多数人都不太能接受这个新的浪潮。对于许多人来说，同旧的事物、同被弃置的体制的表现决裂是一场深刻的内心抉择。有人赞成，有人怀疑，也有人反对，也有对原来一套准则的"留恋"。因此，许多正确的决定都遭到了失败。

这说明，在当时，在保加利亚共产党的核心领导层，没有一位具有胆识和智慧，没有一位具有高度马克思主义修养和权威的重量级人物，改革是难以迈步的。

中国改革开放得以顺利推进，在相当程度上得益于有邓小平这样一位重量级领导核心。凭借着他的胆识、智慧和在中共党内外的崇高威望，能压得住台，坚持不争论，等待实践来回答，使改革的每一步重大措施，能够赢得党内多数人的一致认同和支持。

邓小平认为，改革开放中肯定会有不同意见，但那也是出于好意，一是不习惯，二是怕出问题。怎么办？干起来再说！在南方谈话中，邓小平指出：不搞争论，是我的一个发明。不争论，是为了争取时间干。一争论就复杂了，把时间都争掉了，什么也干不成。不争论，大胆地试，大胆地闯。农村改革是如此，城市改革也应如此。1979 年 6 月 18 日，万里在出席五届人大二次会议期间对陈云说，安徽一些农村已经搞起了包产到户，怎么办？陈云说：我双手赞成。万里又请示了邓小平，邓回答说：不要争论，你就这么干下去就完了，就实事求是干下去。后来，邓小平把这概括为：允许试，允许看，不强迫。本着这个方针，1980 年 9 月，中央召集省、自治区、直辖市党委第一书记会议，决定由各省根据本地具体情况自己拿主意。叫"你走你的阳关道，我走我的独木桥"。邓小平在 20 世纪 90 年代回顾这段历史时说：当时提出农村家庭联产承包，有许多人不同意，家庭联产承包还算社会主义吗？嘴里不说，心里想不通，行动上就拖，有的顶了两年，我们等待。后来认识逐步统一了，几年就都执行了。那时安徽有一个搞"傻子瓜子"的，收入上百万元，许多人反应强烈，主张动他。我说动不得。这不是一个人的问题，涉及到一个面，牵一发而动全身。所以，改革开放政策要稳定，不能变。1984 年以来的几年，经济上得快，是一个跳跃。农民收入多了，电器也进了农户，农村盖了许多新房。要看到这个作用，没有这个跳跃，治理整顿不会这么顺利。

20世纪80年代初，陈云曾认为：广东、福建两省的深圳、珠海、汕头、厦门4个市在部分地区试办经济特区，现在只能有这几个，不能增多。他特别强调：像江苏这样的省不能搞特区。因为江浙一带历史上就是投机活动有名的地区，坏分子的活动都熟门熟路。又说：现在搞特区，各省都想搞，都想开口子，如果那样的话，外国资本家和国内投机家统统出笼，大搞投机倒把就是了，所以不能那么搞。相对来说，邓小平对办经济特区更为积极。1984年2月24日，他同几位中央负责同志谈话说：今天找你们来谈谈办好经济特区和增加对外开放城市的问题，请大家讨论一下。我们建立经济特区，实行开放政策，有个指导思想要明确，就是不是收，而是放。根据邓小平的建议，5月4日，中共中央、国务院批转了《沿海部分省市座谈会纪要》，决定开放14个沿海港口城市；1985年2月18日，中共中央、国务院又批转了《长江、珠江三角洲和闽南厦漳泉三角地区座谈会纪要》，确定把这三个地区开辟为"沿海经济开放区"。对此，陈云表示支持。邓小平还曾专门为深圳特区题词：深圳的发展和经验证明，我们建立经济特区的政策是正确的。

在南方谈话中，邓小平说：对办特区，从一开始就有不同意见，担心是不是搞资本主义。深圳的建设成就，明确回答了那些有这样那样担心的人。特区姓"社"不姓"资"。从深圳的情况看，公有制是主体，外商投资只占四分之一，就是外资部分，我们还可以从税收、劳务等方面得到益处嘛！多搞点"三资"企业，不要怕。只要我们头脑清醒，就不怕。我们有优势，有国营大中型企业，有乡镇企业，更重要的是政权在我们手里。有的人认为，多一分外资，就多一分资本主义，"三资"企业多了，就是资本主义的东西多了，就是发展了资本主义。在参观深圳市容的途中，听了时任市委书记李灏对深圳市经济发展的汇报后，邓小平说，深圳这几年之所以发展得很快，主要得益于对外开放。我们不仅从国外引进资金、技术和管理经验，我们进行的土地有偿使用、发展股份制、建立证券市场，以及公务员制度和廉政建设等许多改革和做法，也是借鉴了香港和国外的经验。当谈到股票市场时，邓小平说，也有不少人担心股票市场是资本主义，所以让你们深圳和上海先搞试验。看来，你们的试验说明社会主义是可以搞股票市场的，证明资本主义能用的东西，也可以为社会主义所用。证券、股市，这些东西究竟好不好，有没有危险，是不是资本主义独有的东西，社会主义能不能用？允许看，但要坚决地试。看对了，搞一两年。对了，开放；错了，纠正，关了就是了。关，也可以快关，也可慢关，也可以留一点尾巴。怕什么，坚持这种态度就不要紧，就不会犯大错误。

1990年2月13日，邓小平同朱镕基谈到开发浦东时说：你们搞晚了。但现在搞也快，上海条件比广东好，你们的起点可以高一点。他还说，他一直就在鼓动改革开放这件事。胆子要大一点，怕什么。2月17日，邓小平谈到浦东开发问题时，又对李鹏说：你是总理，浦东开发这件事，你要管。3月3日，同江泽民等谈话时又说：机会要抓住，决策要及时。比如上海，就是一个大措施。上海是我们的王牌，把上海搞起来是一条捷径。4月18日，李鹏代表中共中央、国务院宣布：同意上海开发开放浦东，在浦东实行经济技术开发区和某些经济特区的政策。后来，邓小平又多次谈到上海开发晚了的问题。1991年1月28日，邓小平在上海听取朱镕基汇报时说：浦东开发至少晚了五年。浦东如果像深圳经济特区那样，早几年开发就好了。后来又说：如果当时就确定在上海也设经济特区，现在就不是这个样子，十四个沿海开放城市有上海，但那是一般化的。

邓小平在多个场合一再强调，要干起来再说，不要争论。为什么"不争论"？就是为了"争取时间干"，因为一争论就复杂了，把时间都争掉了，什么也干不成。胡适在《多研究些问题，少谈些"主义"！》一文中指出：

空谈好听的"主义",是极容易的事,是阿猫阿狗都能做的事,是鹦鹉和留声机器都能做的事;空谈外来进口的"主义",是没有什么用处的。好比医生单记得许多汤头歌诀,不去研究病人的征候,如何能有用呢?偏向纸上的"主义",是很危险的。这种口头禅很容易被无耻政客利用来做种种害人的事。"不争论"的目的是为了改革开放胆子要大一些,敢于试验,"大胆地试,大胆地闯",走出一条好路,走出一条新路,干出新的事业。对的就坚持,不对的赶快改,新问题出来抓紧解决。不断总结经验,至少不会犯大错误。第一条是不要怕犯错误,我们首先考虑的是要敢闯,而不是首先考虑犯不犯错误。第二条是发现问题赶快纠正。

邓小平讲的"不争论",体现了改革的坚定性。看准了的改革,有不同意见,如果争论不休,那么时间就耽误了,机遇就错过了,胆子就变小了,改革的进程就会放缓甚至停顿。此外,"不争论"也体现了邓小平一贯务实的作风。他用生动的改革实践来统一思想,用实践来检验得失成败。邓小平说,世界上的事情都是干出来的,不干,半点马克思主义都没有。空谈误国,实干兴邦。对于改革开放事业,我们要立足于"干"字,踏实干,不争论。

改革是决定中国命运的关键性抉择,改革也从来没有现成的答案,需要我们解放思想、大胆探索、总结经验、不断创新。如邓小平所言:不冒点风险,办什么事情都有百分之百的把握,万无一失,谁敢说这样的话?一开始就自以为是,认为百分之百正确,更是没那么回事。把"不争论"理解为不讲原则、不坚持原则,这是一种曲解。其实,要求"不争论",并非是闭口不谈,而是要摒弃"空谈式"的争论,杜绝纸上谈兵。应当看到,我们身边有些干部热衷虚谈废务而不求真务实,讲的虽然头头是道,但就是落不到实际行动上;有的玩虚套子放空炮,光说不练耍假把式,只会纸上谈兵却从不知行合一。凡此种种,不仅让方针落空、政策变味,更耽误了事业、贻误了发展。

应当说，邓小平的"不争论"是对广大党员干部的谆谆告诫，更彰显出其扬弃空谈、真抓实干的务实作风。我们国家之所以走出困难、走向辉煌，靠的不是空想清谈，而是脚踏实地的奋斗、扎扎实实的工作。时代和事业需要只争朝夕、真抓实干的行动者，要像邓小平那样"不争论"、戒空谈、重实干，把心思用在实干上，把劲头用在实干上，把嘴上说的、纸上写的、会上定的，变成具体的行动和实际的效果，在实干中体现能力、在实干中展现追求、在实干中推动发展。

3. 看准了就要下决心，不要动摇

1917 年夏天，孙中山先生手持放大镜，在地图上沿长江流域来回移动，最终把目光紧紧盯在三峡，一个激励中华民族追求百年的伟大梦想由此迸发。在《建国方略》中，孙中山心潮澎湃地写下一个宏伟设想：改良此上游一段，当以水闸堰其水，使舟得以溯流而行，而又可资其水力。这是何等壮观的梦想！但那时的中国，积贫积弱，外强凌辱，割地赔款，民族的科技和工业只是一支"汉阳造"的水平。其时国力焉能承载如此宏大的梦想！

1953 年 2 月 19 日，毛泽东以"欲与天公试比高"的气魄提出：在三峡这个总口子上卡起来，毕其功于一役。自此，"高峡平湖"梦想，就让毛泽东梦绕魂牵。1958 年 3 月 30 日，毛泽东视察三峡工程坝址中堡岛，站在船艉甲板上，举起望远镜边看边诙谐地对长江流域规划办公室主任林一山说：你能不能找个人替我当国家主席，我给你当助手，帮你修三峡大坝好不好？但由于国力还无法承担这么庞大的工程，三峡梦依然只能是梦想！

1992 年 4 月 3 日，承载中华民族世纪梦想的三峡工程议案，在七届全

国人大五次会议上获得通过。三峡圆梦的号角终于吹响。改革开放的总设计师邓小平，在听取准备兴建三峡工程的汇报时果断表态：看准了就下决心，不要动摇！这么坚决、果断表态的背后，是改革开放带来的国力的不断增强。

经过百年魂牵梦萦，40 年论证，16 年建设，三峡工程终于在中国共产党领导的社会主义现代化建设的今天变为现实。毛泽东生前曾说：将来我死了，三峡工程修成后，不要忘了在祭文中提到我啊！而今，西江石壁已立，高峡平湖已现，神女无恙，百姓安康，伟人"高峡出平湖"的梦想已变为现实。随着三峡工程的兴建，推动了库区经济、社会的发展。三峡库区固定资产投资每年达 60 亿—70 亿，大大推动了基础设施建设和经济发展。从二期移民开始，三峡库区 GDP 增长了 2.2 倍，财政收入增加了 2 倍以上，人均纯收入增加了 2 倍以上。三峡工程巨大的防洪、发电、航运等社会、经济、环境综合效益，将保障中下游人民生命财产安全，有利于江汉平原、洞庭湖平原及长江沿岸城乡地区经济可持续发展。强大电力输送华中、华东及川东地区，大大改善这一地区的能源结构布局，促进经济持续高速发展。

邓小平是伟大的马克思主义者，在寻求救国救民真理的路途上，在确定信仰、投身革命之后，他同样看准了就下决心不动摇，一生坚守自己的政治信仰，并以此为精神支柱，虽历尽艰辛而始终与错误路线展开顽强抗争。一生经历了"三落三起"，这是一种怎样的逆境和坚守！他的女儿曾这样描述邓小平：我父亲为人性格内向，沉稳寡言，五十多年的革命生涯，使他养成了临危不惧，遇喜不亢的作风，特别是在对待个人命运上，相当达观。在逆境之中，他善于用乐观主义精神对待一切。

早在 20 世纪 30 年代初期的中央苏区，由于以博古为代表的中央临时政府推行"左"倾冒险主义，邓小平、毛泽覃、谢维俊等人则坚决支持以毛泽东为代表的正确路线，反对他们的"城市中心论"。为此，邓小平遭批斗，并一度被关进监狱，他的会昌中心县委书记和江西省委宣传部长的职务也被撤销，并受到党内最严重警告处分。这一年邓小平只有 29 岁。这是邓小平政治生涯中的第一次严重挫折。1933 年 5 月，邓小平对前来探望的两位党员干部讲：不管他们怎样残酷斗争，采取什么措施，我坚信我执行的是马克思主义的正确路线，正确的就要坚持。革命哪能一帆风顺呢？

"文革"初期，邓小平作为"刘邓资产阶级司令部"的第二号"走资派"被打倒，全家受到株连，被下放到江西新建县拖拉机修造厂劳动改造。这是他政治生涯中的第二次严重挫折。江西期间，也是邓小平一生中感到最痛苦的时期，但他仍旧泰然处之，每天劳作于工厂，间或躬耕于田园。他还开玩笑地说，此次下放等于上了一次劳动大学，把这次下放看作一次难得的学习机会，遂潜下心来博览群书，默默思考，豁达、无私的革命情怀支撑着邓小平，使他具有清醒镇定、处变不惊的心理素质。而这以后又体现为邓小平卓越领导力的重要组成部分，领导党和国家安全经历几次大的风浪中的考验。

1973 年，邓小平第二次复出工作，并主持党、政、军的日常工作。这一期间，邓小平提出了全面整顿的思想。全面整顿，就是全面纠正"文化大革命"错误，把党的工作重点转移到四个现代化建设上来，整顿的实质也就是系统纠正"文化大革命"的错误，矛头直指"四人帮"。因此，邓小平被指责为搞"右倾翻案风"，"四人帮"发动了"批邓、反击右倾翻案风"运动，再次被打倒，并被撤销党内外一切职务。这是他政治生涯中的第三次严重挫折。直到 1977 年 7 月中共十届三中全会前夕才第三次复出。但是，整顿业绩和他在整顿中表现出来的风骨，已经赢得了党心、民心、军心，为粉碎"四人帮"准备了广泛的群众基础。

邓小平政治生涯中的坎坷和艰难曲折，集中体现在他这富有传奇色彩的"三落三起"中。1979年1月29日，在卡特总统的欢迎国宴上，邓小平说："如果对政治上东山再起的人设立奥林匹克奖的话，我有资格获得金牌。"当他受到错误打击、处于逆境的时候，从不消沉，总是无私无畏，不屈不挠，沉着坚韧，对党对人民无限坚贞，对我们事业的未来抱乐观主义。他总是更加深刻地思索中国革命建设改革的经验教训和根本规律问题，发愤要有新的更大作为。正因为这样，他才能顺应历史和时势的要求，在经历逆境之后重新起来担当重任。

这也是邓小平的性格使然。中共党史研究者刘良说：小平骨头很硬，不会见风使舵，从瑞金"第一落"的时候就是这样，这样的性格在他的一生中都是一以贯之的。但某种程度上也正是性格救了邓小平。有人曾问邓小平健康的秘诀，邓小平回答：乐观主义。在谈到"三落三起"时，他说，天塌下来也不要紧，总有人顶住。

1987年10月，中共第十三次全国代表大会明确提出了党在社会主义初级阶段的基本路线：领导和团结全国各族人民，以经济建设为中心，坚持四项基本原则，坚持改革开放，自力更生，艰苦创业，为把我国建设成为富强、民主、文明的社会主义现代化国家而奋斗。"一个中心、两个基本点"是这条路线的简明概括。邓小平说：牢牢地把握一个中心，两个基本点的基本路线，100年不动摇，国家就能长治久安，中国就大有希望。

1989年前后，对苏联解体、东欧剧变、西方反华势力嚣张的严峻形势，中国采取什么样的对策？既能顶住西方大国压力，又能不丧失难得的发展机遇。邓小平提出了"冷静观察、稳住阵脚、韬光养晦、决不当头"的16字战略方针。这16字方针要求我们不为国际风云的变幻而迷惑自己的前进方向，不为一些友好国家的要求失去冷静的头脑，去承担力所能及的负担，这样做是为了保证中国航船的正确方向。1992 年 1 月 18 日—2 月 21 日，邓小平先后赴武昌、深圳、珠海和上海视察，沿途发表了重要谈话。谈话的中心内容是：坚定不移地贯彻执行党的"一个中心、两个基本点"的基本路线，坚持走有中国特色的社会主义道路，抓住当前有利时机，加快改革开放的步伐，集中精力把经济建设搞上去。

邓小平说：革命是解放生产力，改革也是解放生产力。推翻帝国主义、封建主义、官僚资本主义的反动统治，使中国人民的生产力获得解放，这也是革命，所以革命是解放生产力。社会主义基本制度确立以后，还要从根本上改变束缚生产力发展的经济体制，建立起充满生机和活力的社会主义经济体制，促进生产力的发展，这是改革，所以改革也是解放生产力。要坚持党的十一届三中全会以来的路线方针政策，关键是坚持"一个中心、两个基本点"。不坚持社会主义，不改革开放，不发展经济，不改善人民生活，只能是死路一条。基本路线要管一百年，动摇不得。

当时，我国的改革开放和社会主义现代化建设事业正处于重要的历史时刻。在国际政治风云急剧变化，国内也发生了一场严重政治风波之后，党内外有些人对坚持党的"一个中心、两个基本点"的基本路线发生动摇，有些人把改革开放说成是引进和发展资本主义，进而怀疑和否定四项基本原则。邓小平语重心长地说，一些国家出现严重曲折，不要惊惶失措，不要认为马克思主义就消失了。世界上赞成马克思主义的人会多起来的，因为马克思主义是科学。"学马列要精，要管用的。……我的入门老师是《共产党宣言》和《共产主义 ABC》。……我读的书并不多，就是一条，相信毛主席讲的实事求是。过去我们打仗靠这个，现在搞建设、搞改革也靠这个。"[2]

在邓小平看来，苏联解体、东欧剧变，一些国家出现严重曲折，社会主义好像被削弱了，但人民经受了锻炼，从中汲取了教训，将促使社会主义向着更加健康的方向发展，中国要在中国特色社会主义道路上继续前进。

4. 办事要抓关键

战争期间，邓小平面临任务是沉重而繁杂的。他的高明之处，是能够在错综复杂、扑朔迷离的诸多头绪中，迅速而准确地把握住主要矛盾或矛盾的主要方面，果断地加以解决。如刘邓指挥大军期间，每当战役开始，常常是集思广益，反复比较作战方案，对具体指挥作战则敢于放手给下级指挥员，让他们自主行事，自己则坐镇中枢，沉着调度。正是这种"放手"带出了一大批优秀指挥员，也减轻了自己的工作量，以便集中精力思考大事。

陈野萍回忆说：我感到他的领导艺术之一是：既抓得紧，又放得开。在重大问题和关键问题上，他抓得很紧，在具体工作和日常事务上，他又放得开手。他文风朴实，没有空话，用语精炼，要言不繁，在简明的论述中蕴含着深刻的思想内容。一位曾在西南局工作过的新闻工作者把邓小平行云流水般处理棘手问题和复杂局面的领导艺术比喻为"庖丁解牛"。

中共七届三中全会期间，周恩来有一次与薄一波谈到他对刘伯承和邓小平工作方法的感受。他说：据我多年观察，他们两人的工作方法各有特色，小平同志是"举重若轻"，伯承同志则是"举轻若重"。"举重若轻"或"举轻若重"，都是不同的领导方法。战争年代，刘邓是一对出色的搭档。刘伯承才大心细，运筹周密；邓小平器局宏伟，调度有方。邓小平一般不轻易表态，但一旦形势需要做出明确的抉择时，他却能果断决策，决不手软。正如毛泽东对他的评语，具有"柔中有刚，绵里藏针"的性格特征。1973 年 12 月，毛泽东在中共中央政治局会议上对邓小平有一个肯定的评价：有些人怕他，但是他办事比较果断。作领导就是作风果断，雷厉风行，这是邓小平领导方法的另一个特色。

作为中国改革开放和社会主义现代化建设的"总设计师"，邓小平视野高远，胸襟广阔，善于战略思维和战略谋划。他立足中国又放眼世界，多谋善断又尊重群众，为建设中国特色社会主义，为实现中华民族的伟大复兴，规划了宏伟蓝图，设计了发展战略。他的领导才能和领导艺术，实现了解放思想和实事求是的有机结合，体现了高瞻远瞩和脚踏实地的辩证统一。在复杂的形势下和千头万绪的工作中，邓小平总是善于紧紧抓住决定性的环节。十年动乱后，他从端正思想路线入手拨乱反正，既根本否定了"文化大革命"的错误理论和实践，又坚持科学地评价毛泽东的历史地位和毛泽东思想的科学体系。

共产党人能否正确评价无产阶级的领袖人物，是一个关系到无产阶级事业盛衰兴亡的大问题。1956 年苏共二十大，赫鲁晓夫全盘否定斯大林，造成国际共产主义运动严重的思想混乱，并引发了波匈事件，帝国主义乘机掀起世界范围的反共反社会主义浪潮，使国际共产主义运动遭到重大挫折。1985 年戈尔巴乔夫上台以后，由全盘否定斯大林，发展到否定列宁，这是导致东欧剧变和苏联解体的重要原因。

"文革"结束后，随着思想解放大讨论的不断深入，确立毛泽东的历史地位，坚持和发展毛泽东思想，具有巨大的现实意义和深远的历史意义。一些人曾经公开主张"清算毛泽东主义"、"消除毛泽东主义的影响"。有人并且说，苏联早就清算斯大林了，"现在是对毛泽东采取同样做法的时候了"。否则，"我们将不能越过前面的这堵墙，并且向前进"。他们之所以如此仇视毛泽东是不奇怪的。因为中国社会主义的基本的政治制度和经济制度是在毛泽东领导下确立起来的，这些人既然想在中国搞资本主义、否定社会主义，他们把毛泽东和毛泽东思想视为一堵必须推倒的拦路墙，也就是完全合乎逻辑的了。对于这种"非毛化"的错误思潮，邓小平一开始就进行了明确的批判和坚决的抵制。邓小平强调，我们不会像赫鲁晓夫对待斯大林那样对待毛主席。在这样一个重大原则问题上采取这种鲜明的立场，是十分重要的。如果不是这样，像赫鲁晓夫、戈尔巴乔夫那样，从全盘否定斯大林，到搞什么所谓的"新思维"。全盘否定列宁和十月革命，把社会主义说得一无是处，那将是一种什么局面？只能是天下大乱，人民遭殃。2005 年，俄罗斯总统普京在发表国情咨文的时候说了一句话：苏联的解体是 20 世纪最严重的地缘政治灾难，对俄罗斯人民来讲，它是一场真正的悲剧。

1980 年 8 月 21 日、23 日，邓小平两次会见意大利记者法拉奇，回答她的提问。在谈到对毛泽东的评价时，邓小平指出：毛主席的功绩是第一位的。他是中国共产党、中华人民共和国的主要缔造者，他为中国人民做的事情是不能抹杀的，他多次从危机中把党和国家挽救过来。没有毛主席，至少我们中国人民还要在黑暗中摸索更长的时间。毛泽东思想是我们党的指导思想。毛泽东思想主要是毛泽东同志的思想，但不是他一个人的创造，包括老一辈无产阶级革命家都参与了毛泽东思想的建立和发展。在回答毛泽东的错误同林彪、"四人帮"的区别问题时，邓小平说：毛主席晚年有些不健康的因素、不健康的思想逐渐露头，主要是一些"左"的思想。错误是从 50 年代后期开始的，他在生前没有把过去良好的作风，比如说民主集中制、群众路线，很好地贯彻下去，没有制定也没有形成良好的制度，以致最后导致了"文化大革命"。毛主席犯的是政治错误，这个错误不算小。另一方面，错误被林彪、"四人帮"这两个反革命集团利用了。他们的目的是阴谋夺权。所以要区别毛主席的错误同林彪、"四人帮"的罪行。毛主席的错误是第二位的，我们要实事求是地讲他后期的错误。

我们还要继续坚持毛泽东思想。

1981 年 6 月 27 日，中共十一届六中全会通过的《关于建国以来党的若干历史问题的决议》，实事求是地评价了毛泽东同志的历史地位和毛泽东思想的指导作用。《决议》指出，毛泽东同志是伟大的马克思主义者，是伟大的无产阶级革命家、战略家和理论家。他为我们党和中国人民解放军的创立和发展，为中国各族人民解放事业的胜利，为中华人民共和国的缔造和我国社会主义事业的发展，建立了永远不可磨灭的功勋。他为世界被压迫民族的解放和人类进步事业作出了重大的贡献。他虽然在"文化大革命"中犯了严重错误，但"他的功绩是第一位的，错误是第二位的"。《决议》充分论述了毛泽东思想作为党的指导思想的伟大意义，指出：以毛泽东同志为主要代表的中国共产党人，根据马克思列宁主义的基本原理，把中国长期革命实践中的一系列独创性经验作了理论概括，形成了适合中国情况的科学的指导思想，这就是马克思列宁主义普遍原理和中国革命具体实践相结合的产物——毛泽东思想。毛泽东思想是马克思列宁主义在中国的运用和发展，是被实践证明了的关于中国革命的正确的理论原则和经验总结，是中国共产党集体智慧的结晶。《决议》强调：毛泽东思想是我们党的宝贵的精神财富，它将长期指导我们的行动。

对于《决议》的重要历史性作用和影响，江泽民 1992 年 10 月在中共十四大明确指出：十一届六中全会专门作出关于建国以来党的若干历史问题的决议，根本否定了"文化大革命"和"无产阶级专政下继续革命"的理论，同时坚决顶住否定毛泽东同志和毛泽东思想的错误思潮，维护了毛泽东同志的历史地位，肯定了毛泽东思想的指导作用。随着国内局势的发展和国际局势的变化，越来越显示出党作出这个重大决策的勇气和远见。

粉碎"四人帮"后，以邓小平为核心的中共中央领导集体坚持从实际出发，科学分析社会主义新时期中国社会的主要矛盾，为我们指明了一条正确的前进道路。历史和实践已经充分证明，这是符合中国国情的唯一发展道路。其中的关键就在于，邓小平牢牢抓住了中国的基本国情和主要矛盾：我们的生产力发展水平很低，远远不能满足人民和国家的需要，这就是我们目前时期的主要矛盾，解决这个主要矛盾就是我们的中心任务。在具体实践中，他领导全党把党和国家的工作重心转移到经济建设上来，强调搞社会主义，中心任务是发展社会生产力，要始终如一地搞这件事，一切围绕着这件事，不受任何干扰，并且鲜明地提出以四项基本原则为政治保证、以改革开放为强大动力，确立了党的"一个中心、两个基本点"的基本路线，从而牢牢掌握了抓住机遇、发展自己的主动权。

以邓小平为代表的中国共产党人，在党和国家历史性的转折关头，领导评价毛泽东功过是非的高明之处，就在于既充分肯定了毛泽东的丰功伟绩，维护了他在中国共产党的历史上的崇高地位，又实事求是地、恰如其分地分析了他晚年在理论和实践上的严重错误。另外，正确评价毛泽东和毛泽东思想，给人们思想上带来的最深刻变化，就是冲破了个人崇拜和"两个凡是"的严重束缚，摆脱了许多"左"的禁锢，使思想上得到了极大的解放，并在一系列重大原则问题上，统一了思想，取得了共识。这样，就调动了亿万人民群众建设社会主义的积极性，出现了"团结一致向前看"，"一心一意搞四化"的生动活泼的政治局面。

注　释

〔1〕《邓小平文选》第 2 卷，人民出版社 1994 年版，第 404 页。
〔2〕《邓小平文选》第 3 卷，人民出版社 1993 年版，第 382 页。

第五章

向邓小平学习方法策略

邓小平的智慧和策略，有独到之处，这从人们给他而他又唯一乐于接受的称号——"总设计师"——就可以体味出来。"总设计师"没有"导师"、"统帅"、"舵手"之类的称号那么神，但却更突出了谋略的意味。邓小平的领导艺术是一种智慧的体现，既讲究科学性，又富有人情味。他的方法策略是解放思想与实事求是的统一，表现出辩证思维的取向。他的领导风格既果断又准确，表现出惊人的效率。邓小平既有原则性又有灵活性，既注重大方针又讲究小方法，他是驾驭全局、精干决断的典范。

1. "摸着石头过河"

"摸着石头过河"是富有中国特色、符合中国国情的改革方法，也是邓小平改革开放以后常用的一句话。它作为形象地反映中国共产党勇于探索精神的一句名言，早已家喻户晓。

其实，最早提出"摸着石头过河"这句话并把它作为一种工作方法的，不是邓小平而是陈云。新中国成立后，陈云曾先后多次讲过"摸着石头过河"这句话，并把"摸着石头过河"作为一种重要的思想和工作方法。从现在能够查阅到的资料来看，陈云最早提出"摸着石头过河"这句话是在1950年。1950年4月7日，陈云在政务院第27次政务会议的发言中指出："物价涨不好，跌亦对生产不好。要"摸着石头过河"，"稳当点为好"。这是我们所能见到的最早提出"摸着石头过河"的论述。

改革开放以后，作为中共第二代中央领导集体的重要成员，陈云先后多次讲到要"摸着石头过河"。比较典型的一次是1980年。1980年12月16日，陈云在中央工作会议上发表了《经济形势与经验教训》的重要讲话。在这次讲话中，陈云从总结历史经验教训的角度，论述了改革开放应采取的原则和方法，他指出："我们要改革，但是步子要稳。因为我们的改革，问题复杂，不能要求过急。改革固然要靠一定的理论研究、经济统计和经济预测，更重要的还是要从试点着手，随时总结经验，也就是要'摸着石头过河'。开始时步子要小，缓缓而行。"[1]。这次会议是由邓小平作总结的。在12月25日的闭幕会上，邓小平明确表示完全同意陈云的讲话。他说：陈云同志的"这个讲话在一系列问题上正确地总结了我国三十一年来经济工作的经验教训，是我们今后长期的指导方针"。[2] 由此看来，邓小平的思路和陈云的思路是完全一致的。正因为如此，人们才把"摸着石头过河"也看作是邓小平的重要思想。

中国特色社会主义建设是一项前无古人的事业，既不可能在马列主义本本上找到现成答案，也没有任何现成的实践经验可以照搬照抄，更不可能一开始就有非常清晰具体的方案。只有从中国的实际出发，以马克思主义、毛泽东思想为指导，把握住"实事求是"这个马克思主义的精髓，解放思想，独立思考，大胆探索，去进行新的实践。对于这种创业的艰巨性，邓小平有着清醒的认识。所以，在改革开放之初，他就提醒人们："我们现在所干的事业是一项新事业，马克思没有讲过，我们前人没有做过，其他社会主义国家也没有干过，所以，没有现成的经验可学。我们只能在干中学，在实践中摸索。"[3] 他还指出："我们现在做的事都是一个试验。对我们来说，都是新事物，所以要摸索前进。既然是新事物，难免要犯错误。我们的办法是不断总结经验，有错误就赶快改，小错误不要变成大错误。"[4]

把中国的改革比作"摸着石头过河"，无非是说现在对河水的深浅、水流急缓等还没有完全清楚之前，还不知底细，这就需要摸一摸再走。贸然下水，无忌过河，就有失足倒身、被水淹死的危险。这里强调的是，一要摸着石头，谨慎细心；二要过河，勇往直前。所以，这是一种科学的态度和方法。

作为中国改革开放总设计师的邓小平，时常喜欢用生动的比喻把深刻的道理简明化、形象化、大众化，使人们易于掌握，如著名的"不管黄猫黑猫，捉住老鼠就是好猫"，人们无不耳熟能详。实行改革开放后，邓小平之所以又经常强调"摸着石头过河"这一重要方法，是因为他深知，改革开放是一个崭新的实践，全党都缺乏经验，既要大胆开拓，又要随时总结经验，稳妥审慎地前进。"摸着石头过河"这句话正是体现了这种要求，而且既形象又好记。

翻开《邓小平文选》，可以看到邓小平的许多关于改革方法的论述，这些都可以说是对"摸着石头过河"的最好注解。例如："胆子要大，步子要稳。所谓胆子要大，就是要坚定不移地搞下去；步子要稳，发现问题就赶快改。""开放不简单，比开放更难的是改革，必须有秩序地进行。所谓有秩序，就是既大胆又慎重，要及时总结经验，稳步前进。""一开始就自以为是，认为百分之百正确，没那么回事，我就从来没有那么认为。每年领导层都要总结经验，对的就坚持，不对的赶快改，新问题出来抓紧解决。""每项改革涉及的人和事都很广泛，很深刻，触及许多人的利益，会遇到很多的障碍，需要审慎从事。""要先从一两件事上着手，不能一下子大干，那样就乱了。国家这么大，情况太复杂，改革不容易，因此决策一定要慎重，看到成功的可能性较大以后再下决心。""改革没有万无一失的方案，问题是要搞得比较稳妥一些，选择的方式和时机要恰当。不犯错误不可能，要争取犯得小一点，遇到问题就及时调整。这是有风险的事情，但我看可以实现，可以完成。这个乐观的预言，不是没有根据的。同时，我们要把工作的基点放在出现较大的风险上，准备好对策。这样，即使出现了大的风险，天也不会塌下来。"

从这些论述可以清楚地看出，邓小平所推崇的"摸着石头过河"，就是注重实干，反对空谈，注重实效，把握机遇；就是勇于实践探索、善于总结经验，在实践中学习，在试验中探索，在探索中前进。这种方法的巧妙之处在于，如果试点成功了，可以很快地以较低的行政成本在全国予以推广；如果试点不成功，则可以马上叫停、重来，即使出了问题，也可以凭借政府的强力措施将损失减少到最低限度。这样一条先易后难的务实路径，谋求的是由点及面的稳步推进，在改革进程中，面对不断涌现的新问题、新现象、新矛盾，能够及时调整改革的策略和思路，使改革得以有条不紊、脚踏实地地推进。

中国不断取得成功的改革实践证明，"摸着石头过河"对于大胆解放思想、积极稳妥地推进改革起到了十分巨大的指导作用。比如，中国共产党从意识到完全实行计划经济的不足，形成"计划经济为主，市场经济为辅"的思路；到确认中国社会主义经济是"公有制基础上的有计划商品经济"；再到明确社会主义有计划商品经济体制是计划与市场内在统一的体制，最后确定社会主义市场经济体制改革目标是建立社会主义市场经济体制，一步步前进，每次都是根据实践发展的需要，不断总结实践经验，提出新的理论，又在实践中检验、修正、完善，再用之指导实践，推动改革不断由浅入深地进行。在这个过程中，如果离开了"摸着石头过河"的方法，是不可能顺利进行的。

创办经济特区也是这样。由在深圳等地试验开始，到取得成效；再进一步开放14个沿海城市，最后发展到内地开发区的建设，都是在邓小平"摸着石头过河"思想指导下进行的。

事实上，中国市场取向改革中的一些关键性问题的解决，例如家庭联产承包责任制的实施成为改革的第一推动力，乡镇企业的异军突起，改革从"体制外"到"体制内"的逐步推进，这些都不是领导人或理论家事先发明和设计的，而是通过"大胆地试"、"摸着石头过河"的方法，使千百万群众的实践与制度创新相结合、相互推动而形成的。对此，邓小平多次作过精辟阐述。他说："我们改革开放的成功，不是靠本本，而是靠实践，靠实事求是。农村搞家庭联产承包，这个发明权是农民的。农村改革中的好多东西，都是基层创造出来，我们把它拿来加工提高作为全国的指导。"[5]又说，"农村改革中，我们完全没有预料到的最大的收获，就是乡镇企业发展起来了，突然冒出搞多种行业，搞商品经济，搞各种小型

企业，异军突起。这不是我们中央的功绩"。〔6〕

极为有趣的是，戈尔巴乔夫改革的失败是对邓小平"摸着石头过河"式的改革的最好映衬。戈尔巴乔夫上台后，首先精心从理论上思考，形成所谓"新思维"，然后按照这一理论构想推行改革，结果丧失了整个社会主义政权，并导致了苏联解体。

比较戈尔巴乔夫与邓小平的改革，前者想得多，后者干得多，结果泾渭分明。美国前总统尼克松这样评价说："西方一直屏息以待地观察戈尔巴乔夫的每一个举动。西方观众历来望眼欲穿地期望每一个苏联新领导人干出一番大事业……但是，迄今为止，戈尔巴乔夫的表现只是他愿意给斯大林制造的破机器加油。而邓小平通过有条不紊地对中国的农业、工业和科学现代化作出规划，已开始彻底改建中国的机器。因此，至少在目前，年轻力壮的戈尔巴乔夫虽然衣冠楚楚、辩才无碍，但比起那位 84 岁高龄、身穿毛式服装、不断抽着香烟、时而放声大笑、脚边放着痰盂的中国领导人来，他则相形见绌。戈尔巴乔夫到目前为止只敢想像的事情，邓小平却做了。"〔7〕

然而，对"摸着石头过河"这个提法，人们也曾有过争论。在 20 世纪 80 年代，一种观点认为，"摸着石头过河"只适合于在没有交通工具的时候过"小河"，而改革开放是一条波澜壮阔的"大河"，涉及经济生活的各个方面和政治、文化等广泛的领域，需要科学论证、统一规划、系统进行，这是不能"摸着石头过河"的。持有这种看法的人，其实没有理解清楚"摸着石头过河"的真正含义。"摸着石头过河"所强调的是改革的实践性，而实践本身就是一种智慧。如果一定要等路探明了再过河，也许永远也过不了河，这正是"摸着石头过河"的政治智慧。作为辩证唯物主义的一种认识论、方法论，"摸着石头过河"形象地揭示了从实际出发、在实践中勇于开拓并稳步前进的思想方法和工作方法。这丝毫没有否认理论研究、统一规划、科学预测的必要性和重要性。只是，这些东西都不是天上掉下来的，也不是人们头脑中固有的，只能从实践中摸索而来，并回到实践中去检验，这就离不开"摸着石头过河"的方法。

近两年，又有人提出"摸着石头过河"改革的时代已逐渐过去，理性改革和决策问责的时代正在到来，甚至有人认为"过河论"已不适应于改革的"深水区"了。那么，在今天，这一战略思维是否还适用于社会主义现代化建设实践？回答是肯定的。这是因为，社会主义建设的开创性质决定了"摸着石头过河"的思维具有永远的适用性。社会主义建设前无古人，需要永远创新前进。这就决定以往的经验即使再丰富也只能作为指导，而不能完全代替对未来事业的探索，而要探索新的实践，就需要遵循"摸着石头过河"的思路，即在新实践中不断总结成功的经验和失败的教训，成功的就坚持下去，失败的就加以改正。只有这样，才能不断取得社会主义现代化建设新实践的成功。如果认为已经有了几条现成的理论，就可以万事大吉了，必然会阻断社会主义事业的蓬勃生机。

目前，中国特色社会主义还在建设之中，新问题层出不穷，改革的广度和深度在不断拓展，难度也越来越大，只有继续摸着石头过河，继续鼓励大胆试验、大胆突破，才能不断把改革开放引向深入。所以，改革开放只有进行时没有完成时，"过河"在本质上是一个动态演进的过程。对于社会主义现代化建设实践而言，"摸着石头过河"在任何时候都不可或缺。

毛泽东 1934 年 6 月 1 日在《关于领导方法的若干问题》中说："任何工作任务，如果没有一般的普遍的号召，就不能动员广大群众行动起来。但如果只限于一般号召，而领导人员没有具体地直接地从若干组织将所号召的工作深入实施，突破一点，取得经验，然后利用这种经验去指导其他单位，就无法考验自己提出的一般号召是否正确，也无法充实一般号召的内容，就有使一般号召归于落空的危险。……这又是领导人员指导和学习相结合的方法。任何领导人员，凡不从下级个别单位的个别人员、个别事件取得具体经验者，必不能向一切单位作普遍的指导。这一方法必须普遍地提倡，使各级领导干部都能学会使用。"[8]这里，毛泽东反复强调的"任何工作任务"、"任何领导人员"、"必须普遍地提倡""都能学会使用"，就已经明确包含了"摸着石头过河"的思想方法。

那么，今天，我们应该从"摸着石头过河"的思想和方法中汲取哪些政治智慧呢？

"摸着石头过河"的思想告诉我们，应当具备敢闯敢试的大无畏精神和敢于负责、勇于承担责任的广阔胸怀。邓小平指出："改革开放胆子要大一些，敢于试验，不能像小脚女人一样。看准了的，就大胆地试，大胆地闯。没有一点闯的精神，没有一点'冒'的精神，……就走不出一条好路，走不出一条新路，就干不出新的事业。"[9]他还说："搞改革完全是一件新的事情，难免会犯错误，但我们不能怕，不能因噎废食，不能停步不前。"[10]这就是要求改革者，要有敢为天下先的闯劲，又要勇于承担改革的风险，一旦在改革中出现了问题要敢于负责，改了就是了。

"摸着石头过河"要实事求是。实事求是是"摸着石头过河"的应有之义。"摸着石头过河"，强调的是一切从实际出发，一切以条件、地点和实践为转移。条件不同，思考和解决问题的方式也不同。敢闯不等于乱闯，敢试不等于瞎试，这种"闯"和"试"一定要符合历史现实，要符合中国国情，要有科学的态度。总之，科学的态度、实事求是的精神不可缺少。

总之，一句话，"摸着石头过河"思想告诉我们，在改革开放的道路上胆子要大，要敢于冒风险，同时步子要稳，要有科学态度，要有求真务实的精神。

2. 不争论，允许看

老子说："圣人之道，为而不争。以其不争，故天下莫能与之争。"老子的本意，是提倡"无为而治"，要人们安于现状，反映了道家面临社会变动而无能为力的消极思想。

老子的"与世无争"思想，被邓小平赋予新的内容，成为一条重要的治国安邦的妙策。这就是：允许看，不争论。他说："不搞争论，是我的一个发明"。

邓小平提出"不争论"，有独特的历史与现实背景。在中国共产党和国家的历史上，这方面的教训太深刻了。从 20 世纪 50 年代关于过渡时期总路线的争论开始，逐渐形成一种风气：不管是大事小事，都要来个全民争论。过渡时期总路线是否正确？大跃进是否冒进？它是否违反了客观规律？公共食堂的优点是什么？包产到户这种生产形式会不会破坏集体经济？诸如此类，举不胜举。"文革"期间更是如此。之所以开展这些争论，是因为争论的双方都相信真理越争越明，但结果却恰恰相反。愈争愈复杂，愈争愈离真理远，愈争愈使我们的生产建设、综合国力、人民的生活水平远远落在别人后面。20 年的宝贵发展时间，就这样在一次次争论中被白白浪费了。邓小平从 20 年的争论中得出一个结论：空谈误国，争论误事。

改革开放以后，新事物、新举措、新政策愈来愈多，社会发展的节奏不断加快，而一部分同志却还是袭老谱、承旧规，每当新政策新事物出现时，总要慷慨激昂地论战一番。这样一来，迫使另一方只得迎战，双方你争我论，最后元气大伤，不仅愈争愈不清，而且延宕了改革的进程，贻误了大好的时机。许多有志于厉行改革的人士，面对难见高下的论局，也只好心有余悸地停在一旁，不敢跨越雷池。见此情景，邓小平的办法是"不争论"！

　　为什么要不争论？邓小平说："不争论，是为了争取时间干。一争论就复杂了，把时间都争掉了，什么也干不成。"[11]很显然，邓小平的"不争论"主张其实是一个重实效的价值取向，是一个抓紧时机加速发展的策略，是一个以实际效果来最终说明问题的务实观点。从这一价值取向出发，邓小平反对空谈误国，使出"不争论"这一招，说到底是为了使改革开放事业摆脱无休无止争论的纠缠，好让改革者们甩开膀子大胆干。他说：我就担心丧失机会。不抓呀，看到的机会就丢掉了，时间一晃就过去了。

　　"不争论"的实质是着眼发展，反对空谈，尊重事实，提倡实干。说到底，中国的改革是在不断探索中前进的实践过程，是脚踏实地干的过程。正是基于此，邓小平更注重实干兴邦，在干中解决问题。他说："世界上的事情都是干出来的，不干，半点马克思主义都没有。"用实践来验证比争论更有说服力，对待改革和现代化进程出现的分歧，不要刻意去讲求口头上的争论，由实践来统一认识。不搞"一刀切"，不搞强制，不搞批判，不扣帽子，一切从实际出发，用事实教育人，拿事实说话。

　　邓小平是最实事求是的务实改革家。改革开放以来，对每一次重大政策出台，他总是根据最后结果和实效下结论，定是非。在他看来，对于那些已经付诸实践的有争议的问题，因为时机和形势尚未成熟，争议对象本身还有待观察，不宜做结论也不宜争论。怎么办呢？邓小平的办法就是两个：一个是看实效断是非；二是允许看，让持异议的人有个转弯子的过程。

　　看实效断是非，最突出的一个典型就是农村家庭联产承包责任制。

　　中共十届三中全会前后，一些地区的农村悄悄恢复了包产到户的试验，安徽凤阳县甚至出现了比包产到户更彻底、更简便的包干到户形式，并取得了明显成效。以万里为第一书记的中共安徽省委对此表示了明确支持。但由于无论包产到户还是包干到户，在直到当时的中央文件中都还未被允许，因此，非议和争论纷至沓来。人们一时议论纷纷，在党内引起了公开的强烈批评和很大争论。

面对农村改革中农民自发的创造性行动，邓小平以他一贯倡导的实事求是的务实精神，允许人们大胆地试。在 1979 年 6 月五届人大二次会议期间，当万里汇报安徽农村搞包产到户遭到反对的情况时，邓小平就发表意见说："不要争论，你就这么干下去就行了，就实事求是干下去。"〔12〕

进入 1980 年，包产到户和包干到户发展很快，不仅安徽、贵州等不少地方形成了气候，即使像广东湛江这样的地区，也"成燎原之势，到处冒烟"。邓小平始终关注着人民群众的试验和探索。随着包产到户从暗处走向明处，从个别省份走到全国许多个省市，他的态度愈发鲜明而坚决。1980 年 4 月 2 日和 5 月 31 日，邓小平在不到两个月时间内，先后两次就农村改革发表明确的指导性谈话，明确地支持这项改革。

随着改革实践的发展，坚冰终于渐渐被突破。1980 年 9 月召开的各省、市、自治区党委第一书记座谈会，明确"在生产队领导下实行的包产到户是依存于社会主义经济，而不会脱离社会主义轨道的，没有什么复辟资本主义的危险，因而并不可怕。"〔13〕此后，从 1982 年到 1984 年，中央连续三年发布"一号文件"，毫不含糊地给包产到户、包干到户正了名，明确肯定它姓"社"又姓"公"，为多年来的争论做了结论。很快，包产到户的农村改革以不可阻挡的燎原之势迅速发展，成为中国改革的突破口。

对于这一段历史，邓小平在 1992 年年初的南方谈话中作了回顾。他说："对改革开放，一开始就有不同意见，这是正常的。不只是经济特区问题，更大的问题是农村改革，搞农村家庭联产承包，废除人民公社制度。开始的时候只有三分之一的省干起来，第二年超过三分之二，第三年才差不多全部跟上，这是就全国范围讲的。开始搞并不踊跃呀，好多人在看。我们的政策就是允许看。允许看，比强制好得多。我们推行三中全会

以来的路线、方针、政策，不搞强迫，不搞运动，愿意干就干，干多少是多少，这样慢慢跟上来了。"〔14〕

对待农村改革之后出现的对乡镇企业和创办经济特区这两个新生事物的激烈争论，邓小平的办法亦是如此。当时，对乡镇企业异军突起的议论很多，压力很大，但邓小平全面地观察分析了乡镇企业发展的利弊，充分肯定了乡镇企业的高速增长、对 50% 农村剩余劳动力的解决和对乡村城镇化的促进这三个方面的巨大成果。从看实效的角度出发，邓小平指出："农村改革的成功增加了我们的信心，我们把农村改革的经验运用到城市，进行以城市为重点的全面经济体制改革。"对待经济特区的评价更是这样。一开始，对创办和试验深圳特区的意见不一，争论很多，甚至还有人采取怀疑态度。对此，邓小平风尘仆仆地来到深圳视察，看到深圳经济特区一片兴旺气象，最后下了这样一个重实效的结论："深圳的发展和经验证明，我们建立经济特区的政策是正确的。"

"不争论"的要义之一是允许看。其中，最著名的一个例子恐怕要数对待雇工问题的争论了。20 世纪 80 年代初，安徽省芜湖市的个体户年广九，靠炒瓜子炒成了中国最早的百万富翁之一，还雇用了 100 多人炒瓜子。由于雇工人数多，超过了过去所谓马克思《资本论》当中所提到的人数（当时七个雇工以下被作为独立劳动者，八个雇工以上就被视为资本家），从而引发了一场波及全国的"雇工风波"的争论。

面对纷纷攘攘的争论，邓小平的办法是允许看，让事实来说话。从1980 年到 1992 年，他曾三次谈及"傻子瓜子"，为中国的私营经济在一统天下的公有制经济中开辟出了一条成长之路。

1980 年，在中央农村工作会议上，安徽省农委散发了 200 份关于安徽芜湖"傻子瓜子"的调查材料，介绍了其有几名雇工，但企业效益、社会效益都较好的经营状况，提出了应该允许其存在发展的意见。时任中央农村政策研究室主任的杜润生看了这份材料，认为很有典型意义，于是把它呈送给了邓小平。邓小平看后，当即就对个体私营经济的发展给予肯定，并就一些人对姓"资"姓"社"的争论，指出要"放一放"、"看一看"。于是，一大批"傻子"在不争论的大环境中，悄然成长。

1984 年 10 月，在中顾委第三次全体会议上，面对部分老同志对私营经济的担心，邓小平明确表示："还有的事情用不着急于解决。前些时候那个雇工问题，相当震动呀，大家担心得不得了。我的意见是放两年再看。那个能影响到我们的大局吗？如果你一动，群众就说政策变了，人心就不安了。你解决了一个'傻子瓜子'，会牵动人心不安，没有益处。让'傻子瓜子'经营一段，怕什么？伤害了社会主义吗？"[15]

由此，"傻子们"的生存环境更宽松了。"傻子瓜子"从家庭作坊很快成长为具有知名品牌的公司。1988 年，中国修改宪法。宪法写明：私营经济是社会主义公有制经济的补充，国家允许私营经济在法律规定的范围内存在和发展。私营经济从此合法了。

1992 年年初，邓小平在南方谈话中，又把傻子瓜子提高到事关改革全局的高度，再次讲道："农村改革初期，安徽出了个'傻子瓜子'问题。当时许多人不舒服，说他赚了一百万，主张动他。我说不能动，一动人们就会说政策变了，得不偿失。像这一类的问题还有不少，如果处理不当，就很容易动摇我们的方针，影响改革的全局。城乡改革的基本政策，一定要长期保持稳定。"[16]

东方风来满眼春。邓小平有关"傻子瓜子"的讲话，不仅给"傻子瓜子"创始人年广九以巨大鼓舞，更给广大个体经济和私营经济户吃了一颗定心丸。"傻子瓜子"公司随即迈上成长的新高峰，1992 年全国私企纳税额比 1989 年翻一番。此后，私营企业快速成长壮大。1999 年，中国再次修宪。宪法写明：私营经济是社会主义市场经济的重要组成部分。

不争论是一种大智慧、大胸怀、大气魄、大担当。改革开放以来，正是由于邓小平坚持倡导了重实效的务实精神，才使"文化大革命"以来好空谈的政治风气为之一扫，中国的改革开放事业扎扎实实地取得了一系列巨大成就。邓小平提出"不争论"的政治主张，最基本的目的就是要人们在改革开放中排除顾虑，大胆地探索和进取。他斩钉截铁地指出："不争论，大胆地试，大胆地闯。农村改革是如此，城市改革也应如此。"可以看到，不争论体现的是实践的彻底性，体现的是开拓创新精神。

国学大师张中行写过《故事一则》，说《九章算术》推广之初，甲乙二人争论。甲说四七等于二十八，乙说是二十七，争到县太爷那里，县太爷打了甲三十大板。甲自然不服，县太爷回答："你既然知道四七等于二十八，为什么要与说四七等于二十七的人争论呢？该打。"后来，作家王蒙在此基础上又写了一则寓言《不争论的智慧》。两位大师都借这则故事或寓言说事，具有深意，有利于帮助我们理解邓小平关于"不争论"的精神内涵。

值得说明的是，邓小平的"不争论"，并不是对所有的问题都顺其自然。邓小平所讲的"不争论"，强调的是不受消极思想和纸上谈兵习气的影响，并非不讲原则、不坚持原则。恰恰相反，在他那里，有些重大的原则性问题，不是不争，还要大争特争，非弄清楚不可。众所周知，1978年真理标准问题之争是在邓小平的鼎力支持下才冲破"凡是"派的压制而得以全面展开，进而推动了党的实事求是思想路线的重新确立。邓小平对此多次高度称赞说："这个争论很有必要，意义很大……是个政治问题，是个关系到党和国家的前途和命运的问题。"[17] 改革开放以后，针对资产阶级自由化思潮，邓小平不断强调要旗帜鲜明地加以批判，指出："某些人所谓的改革，应该换个名字，叫作自由化，即资本主义化……我们讲的改革与他们不同，这个问题还要继续争论的。"[18]

再比如，在民主集中制原则下，对于不同工作意见的争论，邓小平也是提倡的。1978 年 12 月，邓小平在听取徐向前、韦国清等汇报中共中央军委座谈会的情况时指出："会议可以延长，让大家把话讲完。对有不同看法的问题，可以辩论，把问题讲清楚。然后把问题集中起来，由军委研究解决。"[19]1979 年 10 月，邓小平在一次研究经济工作的会议上又指出："大家对经济问题的看法不一致，这是很自然的……这次会议大家要充分地把矛盾摆出来。我主张采取辩论的方法，面对面，不要背靠背，好好辩论辩论。真理就是辩出来的。"[20]

另外，关于学术问题，邓小平也是主张"百家争鸣"的。1977 年 8 月，刚刚复出的邓小平在科学和教育工作座谈会上讲道："我们现在不同意见的争论、讨论不是太多了，而是太少了。讨论当中可能会出来一些错误的意见，也不可怕。我们要坚持百家争鸣的方针，允许争论。不同学派之间要互相尊重，取长补短。要提倡学术交流。"[21]

不该"争"的"不争"，该"争"的还是"要争"，这可以说是邓小平"不争论"思想的两个方面。因此，我们要全面地理解和把握邓小平的"不争论"，不可偏废一方。

3. 抓住时机，发展自己

在邓小平的治国实践中，"机遇论"的思想与实践，始终是他风格独特的治国方法之一。这一思想，概括地说，就是"利用时机，发展自己，关键是发展经济"。

邓小平的"机遇论"思想，是在 1992 年南方谈话后开始引起国内国际关注的，然而，这一思想的形成却要追溯到其早期的革命生涯。机遇，最早最多的运用来自军事领域。"因机立胜"、"审时度势"、"机不可失"、"谋必因机而设"等著名的用兵哲理都是从战争实践中提炼出来的。一个

Xiang
Dengxiaoping
Xuexi

指挥员、一个领导者必须重视利用机遇。"兵争交，将争谋，帅争机"讲的就是这个道理。邓小平是与在战场上、马背上成长起来的政治家兼军事家，血与火的战争考验和军事实践，造就了他强烈的机遇意识。1989年，邓小平在回忆"二野"的大别山斗争时这样评价"凡是有机会取得胜利的，没有丧失过机会，该干的都干了。"可以说，战争年代抓住时机、出奇制胜的军事实践，是邓小平治国实践中"机遇论"思想及其领导方法最初的思想来源。

邓小平对中国曾错失发展机遇有着切肤之痛，对抓住时机、发展自己有着特殊的敏感性和紧迫感、责任感。在他看来，能否抓住机遇，发展自己，事关在短时期内摆脱我国的贫困落后状态，实现中国的现代化，提高中国在国际上的战略地位。他多次说过："我们太落后了。我们自己要谦虚一点，说老实话，吹不得牛。""我们太穷了，太落后了，老实说对不起人民。"[22]他曾经从明朝明成祖时总结起，谈到中国因闭关自守丧失发展机遇、搞得贫穷落后、愚昧无知的历史教训；他还经常总结建国以来历次"左"的运动、特别是"文化大革命"使中国丧失发展机遇的沉痛教训。

但邓小平对机遇重要性的认识远不止于此，他对有关机遇重要性的论述，有一个明显共性，即中国能否抓住历史机遇，不仅关系到国家发展的快慢，而且关系到能否坚持社会主义方向，关系到社会主义事业的兴衰成败、前途和命运。他一直强调，抓住机遇可以加快我国的发展，社会主义就可以立于不败之地；反之，丧失机遇，不仅会进一步拉大我国与其他国家的差距，社会主义也有被断送的危险。所以他在1992年南方谈话中说："抓住时机，发展自己，关键是发展经济。现在，周边一些国家和地区经济发展比我们快，如果我们不发展或发展得太慢，老百姓一比较就有问题了。"[23]反之，如果我们能抓住机遇，发展好自己，"人民一看，还是社会主义好，还是改革开放好，我们的事业就会万古长青！"

　　正是由于对机遇重要性的这种高度认识，改革开放事业全面展开后，邓小平尤其强调"时间"、"时机"、"机遇"问题。

　　1984 年，中共中央作出关于经济体制改革的决定，加快了以城市为重点的整个经济体制改革的步伐。1985 年，邓小平比较突出地提出"抓住时机，推进改革"的思想，在这一年较多地强调了"抓住时机"的问题，指出："我们要抓住时机，现在是改革的最好时机"。"我们要抓住当前的有利时机，坚定不移，大胆探索，同时注意及时发现问题和解决问题，力争在不太长的时间内把改革搞好。"〔24〕

　　邓小平第二次比较明确谈"抓住时机"是在 1987 年党的十三大以后。十三大以前，邓小平就有了"改革的步子要加快"的考虑，认为改革的快慢已经成为议论的问题之一，希望能开好十三大，并抓住十三大这个机遇，加快改革的步伐。十三大后，全党全国部署了新的改革推进战略。邓小平提出"理顺物价，加速改革"，要求思想更解放一些，改革的步子更大一些。他还提出：在和平与发展成为新的时代特点的情况下，第三世界国家，"要紧紧抓住经济建设这个中心，不要丧失时机"。〔25〕

　　第三次明确集中地讲"抓住时机"，是上世纪 90 年代初。此时，邓小平对抓住机遇的强调，更加急迫。他说："我们不抓住机会使经济上一个台阶，别人会跳得比我们快得多，我们就落在后面了。要研究一下，我总觉得有这么一个问题。机会难得呀！""要抓住机会，现在就是好机会。不抓呀，看到的机会就丢掉了，时间一晃就过去了。""不敢解放思想，不敢放开手脚，结果是丧失时机，犹如逆水行舟，不进则退。"〔26〕他还多次表示："要抓住时机，把经济搞上去，步子可以快一点。我现在就怕丧失时机。""要珍惜这个好的发展机遇，保持好的发展势头。""希望你们不要丧失机遇。对中国来说，大发展的机遇并不多。中国与世界各国不同，有着自己独特的机遇，比如我们有几千万爱国同胞在海外，他们对祖国作出了很多贡献。""从现在开始到2010年是难得的机会，不要丧失了。""现在是机会啊，这个机会很难得呀！中国人这种机会有过多次，但是错过了一些，很可惜！你们要很好抓住。"[27]

邓小平提出的"抓住时机，发展自己"的"机遇论"思想和实践，内容极为丰富，突出反映了他独特的治国方法和卓越的领导艺术。

首先，关于如何认识机遇。俗话说，"机遇只青睐那些有准备的头脑"，它需要人们发挥认识的能动作用，从各种复杂现象中去寻找和捕捉，而不可能明明白白地显露在每一个人面前。机遇有时以条件的有利性表现出来，有时却隐藏在种种不利情况甚至严重困难的背后，这就特别要求人们审时度势，宏观思考，对当前形势作出科学的辩证分析，从中发现和认识有利的发展时机。

邓小平强调："要用宏观战略的眼光分析问题。"[28]他能够敏锐地把握时代发展的脉搏和契机，擅长从战略上、宏观上观察、分析和判断形势，以"面向现代化，面向世界，两向未来"的创造性思维方式，综合思考整个国际形势的变化和发展趋势，发现和捕捉我国深化改革、扩大开放和加快发展的机遇。

中共十一届三中全会前后，邓小平客观冷静地分析战后国际形势的重大变化，发现了我国改革和发展的机遇。在对国际政治、经济、军事形势进行全面透彻分析的基础上，他指出，尽管战争的危险依然存在，但和平力量的增长超过了战争力量的增长，争取较长时间的国际和平环境是可能的。他改变了中国共产党对战争与和平问题的根本性判断，提出"和平与发展是当代世界的两大主题"的新论断，这就使人们认识到，中国的改革和发展面临着国际和平环境的机遇。他强调说："中国太穷，要发展自己，只有在和平的环境里才有可能。"[29]"现在国际形势看来会有个比较长时间的和平环境，即不爆发第三次世界大战的环境。""要紧紧抓住经济建设

这个中心，不要丧失时机。"〔30〕

　　在有利条件下认识机遇容易，难的是在严重困难面前要引导人们看到有利时机，抓准可利用的矛盾，找到新的路子。在强调用宏观战略眼光分析问题时，邓小平异常敏感地认为，大转折孕育大机遇，大机遇促进大发展。上世纪80年代末90年代初，国际形势发生急转，东欧剧变、苏联解体，使二战以来所形成的旧的世界格局被打破重组，面对扑朔迷离的局势，邓小平作为一位深谙全局的战略家，冷静观察国际间各种矛盾的演化，从世界格局的变化趋势中分析矛盾，从不利因素中看到有利因素，揭示出我国发展可以利用的机遇。他从容地指出："对国际形势还要继续观察，有些问题不是一下子看得清楚，总之不能看成一片漆黑，不能认为形势恶化到多么严重的地步，不能把我们说成处在多么不利的地位。实际上情况并不尽然。世界上矛盾多得很，大得很，一些深刻的矛盾刚刚暴露出来。我们可利用的矛盾存在着，对我们有利的条件存在着，机遇存在着，问题是善于把握。"〔31〕如此战略性地看问题，如此预见中国发展的机遇，是运用唯物辩证法的观点观察和分析问题、从挑战中发现和把握重要战略机遇的典范。

　　在分析把握整个国际形势变化中，邓小平十分注意分析我国周边环境的变化，认为亚洲太平洋地区的崛起，对我国的经济发展也是难得的机遇。他说："现在世界上有人讲'亚洲太平洋世纪'。亚洲有三十亿人口，中国大陆就占十一亿多。所谓'亚洲太平洋世纪'，没有中国的发展是形不成的，""大陆已有相当的基础。我们还有几千万爱国同胞在海外，他们希望中国兴旺发达，这在世界上是独一无二的。我们要利用机遇，把中国发展起来"。〔32〕

　　再如，邓小平以其远见卓识的战略眼光深刻洞察到，新科技革命的兴起，是中国发展面临的又一重要机遇，现代乃至未来时代的国际竞争，说

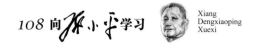
到底是综合国力的竞争，关键又是科学技术的竞争。中国要实现现代化的战略目标，提高在国际竞争中的战略地位，必须抓住新科技革命这一重要的历史机遇。正因为此，他才特别强调"科学技术是第一生产力"，并一再叮嘱全党：在所有的高科技领域"都不要失掉时机"，要不然我们很难赶上世界的发展，他强调"中国必须发展自己的高科技，在世界高科技领域占有一席之地。"[33]也正因为如此，他及时采纳了几位著名科学家的建议，很快批准了我国高科技发展的"863计划"。

可以看出，邓小平善于从宏观上宏观思考，审时度势，对不断变化的形势深刻了解、精辟分析、周密估量，从而揭示出客观存在的机遇。毛泽东曾经讲过，古人所谓"运用之妙，存乎一心"，这个"妙"，我们叫灵活性，"是聪明的指挥员，基于客观情况，'审时度势'（这个势，包括敌势、我势、地势等项）而采取及时的和恰当的处理方法的一种才能。"[34]邓小平审时度势的才能以及方法和技巧，充分展现了"运用之妙，存乎一心"的领导艺术。

其次，关于如何抓住机遇。发现机遇不等于已经把握了机遇，抓住了机遇。空谈只能误国，坐而论道只能丧失时机。只有及时决策，果断付诸实践才能抓住机遇，就像拿破仑说的那样，"关键是投入战斗"。

抓住时机、迅速决断、及时决策，雷厉风行是邓小平领导决策的重要风格和方法。邓小平深知机遇稍纵即逝，只有抓住机遇，迅速作出决策，才能使社会历史发展中的机遇真正成为我国发展的有利条件。在他看来，凡是遇到时机，就不要丢，要干起来，干才能抓住时机。因此，他一贯主张要提高工作效率，工作要雷厉风行，要明确责任，要奖罚分明，快作决策，不能慢慢腾腾，拖拖拉拉，议而不决，决而不行。他说：机会要抓住，决策要及时。[35]

所谓"机不可失，时不再来"，尤其是重要机遇，可遇不可求，易失不易得，只能珍惜，不能延误。这一点，邓小平强调得特别多。1986 年 3 月 5 日，也就是仅仅在科学家王大珩、王淦昌、杨嘉墀、陈芳允致信邓小平、提出关于跟踪研究外国战略性高技术发展的建议的第三天，邓小平就作出批示："这个建议十分重要，……找些专家和有关负责同志讨论，提出意见，以凭决策。此事宜速作决断，不可拖延。"[36]1988 年 1 月 23 日，邓小平对《沿海地区经济发展的战略问题》的报告作出批示："完全赞成。特别是放胆地干，加速步伐，千万不要贻误时机。"[37]

邓小平抓住时机、果断决策的思想集中体现在他对海南"洋浦风波"的批示上。1989 年初，围绕海南省洋浦出让 30 平方公里土地给外商成片开发 70 年之事，国内外掀起了"洋浦风波"。一些人指责海南省的做法是"出卖主权"。在海南干部群众困惑为难、国内外舆论沸沸扬扬、外商望而却步之际，党中央和邓小平等领导同志明确支持洋浦开发。1989 年 4 月 28 日，邓小平对洋浦开发问题作了批示："我最近了解情况后，认为海南省委的决策是正确的，机会难得，不宜拖延，但须向党外不同意者说清楚。手续要迅速周全。"[38]

邓小平说，当断不断，要误事。这实际上是从反面讲抓住机遇、快速决断的重要性。他晚年在回顾自己领导改革开放的重要决策时，曾不无遗憾地说："浦东开发至少晚了五年。浦东如果像深圳经济特区那样，早几年开发就好了。开发浦东，不只是浦东的问题，是关系上海发展的问题，是利用上海这个基地发展长江三角洲和长江流域的问题。""那一年确定四个经济特区，主要是从地理条件考虑的。深圳毗邻香港，珠海靠近澳门，汕头是因为在东南亚国家的潮州人多，厦门是因为闽南人在外国经商的很多，但是没有考虑到上海在人才方面的优势。""如果当时就确定在上海也设经济特区，现在就不是这个样子。"[39]

为此，从 1988 年到 1994 年，邓小平连续七年都在上海过春节，谈话

XIANG
Dengxiaoping
Xuexi

的主题始终围绕一个：90 年代是上海加快发展的最后一次机遇，希望你们不要丧失机遇。他语重心长地说："抓紧浦东开发，不要动摇，一直到建成。""我们说上海开发晚了，要努力干啊！""希望上海人民思想更解放一点，胆子更大一点，步子更快一点。""不要丧失机遇，对中国来说，大发展的机遇并不多。中国与世界各国不同，有着自己独特的机遇。"[40]

1994 年，邓小平最后一次来上海，这是他在上海逗留时间最长的一次，也是他一生中最后一次外出视察。当看到浦东基础设施建设已初具规模时，他笑着吟诵道："喜看今日路，胜读百年书。"离开上海回京那天，火车即将开动，他又特意把时任上海市委书记的吴邦国等叫上火车，再次叮嘱：你们其他的错误犯了，可以改，而机遇错误是历史性的错误，不能犯这种错误。上海的机遇不多。从现在开始到 2010 年是难得的机会，不要丧失了。你们要抓住二十世纪的尾巴，这是上海的最后一次机遇。[41] 其言谆谆，语重心长。

在邓小平的推动下，1990 年 4 月，中共中央正式作出了开发开放上海浦东的重大决策，浦东开发成为 20 世纪最后十年中国改革开放的重点。如今，20 多年过去，浦东已经当之无愧成为世界最具竞争力的地区之一，成为举世瞩目的"中国改革开放的象征"和"上海现代化建设的缩影"。

第三，关于如何用好机遇，发展自己。抓住机遇的实质或根本要求是加快发展，没有加快发展，就不能说抓住了机遇。邓小平提出的"机遇论"，与其加快发展的思想具有内在的统一性。

后现代化国家要赶超西方发达国家，"速度"是个不可回避的问题。由于中国的现代化成果最终要以世界发达国家为参照，要以人均国民生产总值来计算，因此，在人口数量居世界之首的巨大压力下，要如期实现我国的战略目标，困难是可想而知的。因此，邓小平对我国的经济建设始终怀着一种焦急的紧迫感。他认为，只有抓住机遇，加快发展，隔几年上一个台阶，才能确保翻番任务的实现。在 20 世纪 80、90 年代，他利用不同场合和时机，反复告诫全党：在整个社会主义历史时期，特别是在社会主义初级阶段，都要紧紧扭住经济建设这个中心不放，要"横下心来"，"放开手脚"，"坚定不移"，"毫不动摇"，"始终如一"，"专心致志"，"聚精会神"，"同心同德"，"一心一意"，狠抓经济建设，"把经济搞上去，把生产力搞上去"。

在邓小平的眼里，发展始终是第一位的问题。在他许许多多的讲话中，出现频率最高的词就是"发展"。有人统计，"发展"一词，在《邓小平文选》第二卷中出现了约 240 余次，第三卷中出现了约 450 余次。仅在 1992 年的南方谈话中，"发展"这个词就出现了约 60 次。可以说，邓小平想的是发展，说的是发展，抓的也是发展。在改革开放过程中，确保中国稳步、快速地发展，是邓小平思考和筹划党和国家大政方针的主轴。每当经济发展遇到干扰，党和国家工作中心有可能偏离以"发展"为基线的轨道时，邓小平都及时拨正航向，不允许在这个问题上出现些许偏差。

1988 年，我国经济出现了明显的"过热"，发生了较为严重的通货膨胀，国家因此决定对经济秩序进行治理整顿。此时，邓小平表态说："赞成边改革、边治理环境整顿秩序。""但是，治理通货膨胀、价格上涨，无论如何不能损害我们的改革开放政策，不能使经济萎缩，要保持适当的发展速度。"[42] 他强调，治理整顿不能影响改革和发展，不能影响经济发展速度。

1989 年政治风波后，邓小平最担心的问题不是西方的制裁，而是经济的滑坡。称这是他"真正睡不着觉的问题。"对于西方的制裁，邓小平对外说过一句"硬"话："我们别的本事没有，但抵抗制裁还是够格的。"可是在内部讲话中，他却强调："中国能不能顶住霸权主义、强权政治的压力，坚持我们的社会主义制度，关键就看能不能争得较快的增长速度，实现我们的发展战略。"[43]

这年6月16日，邓小平与几位中央负责同志谈话时，要求新的领导班子要聚精会神地做几件使人民满意、高兴的事情，其中第一件就是"经济不能滑坡"。他态度十分坚决地说："凡是能够积极争取的发展速度还是要积极争取。""要在今后的十一年半中争取一个比较满意的经济发展速度。"[44]同年9月16日，在会见美籍华裔学者李政道时，他又强调："有一点是肯定的，那就是中国一定要发展，改革开放一定要继续，生产力要以适当的速度持续增长，人民生活要在生产发展基础上一步步改善。"[45]在邓小平看来，苏联和东欧各国共产党之所以垮台，从根本上说都是因为经济上不去。

进入20世纪90年代，世界和中国的形势发生了重大的变化，中国的经济发展迎来了一个弥足珍贵的大好机遇。能不能抓住这个机遇，加快我国的经济发展，是实现我国三步走发展战略的关键，是邓小平夙夜牵挂的头等大事。1990年3月，就这个重大问题，他对几位中央负责同志说："我们可利用的矛盾存在着，对我们有利的条件存在着，机遇存在着，问题是要善于把握。""百分之四、百分之五的速度，一两年没问题，如果长期这样，在世界上特别是同东亚、东南亚国家和地区比，也叫滑坡了。世界上一些国家发生问题，从根本上说，都是因为经济上不去，没有饭吃，没有衣穿，工资增长被通货膨胀抵消，生活水平下降，长期过紧日子。如果经济发展老是停留在低速度，生活水平就很难提高。人民现在为什么拥护我们？就是这十年有发展，发展很明显。假设我们有五年不发展，或者是低速度发展，……会发生什么影响？这不只是经济问题，实际上是个政治问题。"[46]在他看来，保持经济发展速度不仅是一个经济问题，更是一个政治问题。这一时期，他在各种场合都反复强调抓住机遇，保持经济发展速度的重要意义。

进入 1991 年，他又提出要反对单纯求稳的发展思想。他说："强调稳是对的，但强调得过分就可能丧失时机。……可能我们经济发展规律还是波浪式前进。过几年有一个飞跃，跳一个台阶，跳了以后，发现问题及时调整一下，再前进。总结经验，稳这个字是需要的，但并不能解决一切问题。以后还用不用这个字？还得用。什么时候用，如何用，这要具体分析。但不能只是一个稳字。特别要注意，根本的一条是改革开放不能丢，坚持改革开放才能抓住时机上台阶。"[47]

怎样看待稳定和发展的关系？在邓小平看来，稳定是中国的大局，但稳定本身不是目的，它是改革开放得以顺利进行的必备条件，是促进发展的手段。"发展才是硬道理。"他深刻指出：对于我们这样发展中的大国来说，经济要发展得快一点，不可能总是那么平平静静，稳稳当当。要注意经济稳定、协调地发展，但稳定和协调也是相对的，不是绝对的。发展才是硬道理。这个问题要搞清楚。如果分析不当，造成误解，就会变得谨小慎微，不敢解放思想，不敢放开手脚，结果是丧失时机，犹如逆水行舟，不进则退。

1992 年初，邓小平看到全国的经济形势仍处于消极的稳定状态，尚未突出发展，于是亲临南方视察，发表了带动全局的南方谈话。在这个讲话中，邓小平把发展作为第一位的任务来提，他说："抓住时机，发展自己，关键是发展经济。现在，周边一些国家和地区经济发展比我们快，如果我们不发展或发展得太慢，老百姓一比较就有问题了。所以，能发展就不要阻挡，有条件的地方要尽可能搞快点，只要是讲效益，讲质量，搞外向型经济，就没有什么可以担心的。低速度就等于停步，甚至等于后退。要抓住机会，现在就是好机会。我就担心丧失机会。不抓呀，看到的机会就丢掉了，时间一晃就过去了。"[48]在邓小平的思想中，始终以发展为中心，以正在做的事情为中心，抓住机遇，发展自己，关键是发展经济，这是一个原则问题。如果忽视了这个中心环节，就会犯大错误，就会丧失发展机遇，现代化就会停滞。

总之，在对机遇的把握方面，既要志存高远，有强烈的机遇意识，又要审时度势，辩证分析，科学预见，善于发现和捕捉机遇；既要及时决策，当机立断，雷厉风行，把握和抓住机遇，更要突出重点，脚踏实地，发展自己，用好机遇。这就是邓小平的智慧，也是他给予我们的启示。

注　释

〔1〕《陈云文选》第 3 卷，人民出版社 1986 年版，第 251 页。

〔2〕《邓小平文选》第 2 卷，人民出版社 1994 年版，第 354 页。

〔3〕《邓小平文选》第 2 卷，人民出版社 1994 年版，第 258—259 页。

〔4〕《邓小平文选》第 2 卷，人民出版社 1994 年版，第 174 页。

〔5〕《邓小平文选》第 2 卷，人民出版社 1994 年版，第 382 页。

〔6〕《邓小平文选》第 2 卷，人民出版社 1994 年版，第 238 页。

〔7〕［美］理查德·尼克松：《1999：不战而胜》，世界知识出版社 1997 年版，第 292 页。

〔8〕《毛泽东选集》第 3 卷，人民出版社 1991 年版，第 897—898 页。

〔9〕《邓小平文选》第 3 卷，人民出版社 1993 年版，第 372 页。

〔10〕《邓小平文选》第 3 卷，人民出版社 1993 年版，第 229 页。

〔11〕《邓小平文选》第 3 卷，人民出版社 1993 年版，第 374 页。

〔12〕《邓小平年谱（1975—1997）》（上），中央文献出版社 2004 年版，第 531 页。

〔13〕《三中全会以来重要文献选编》（上），人民出版社 2011 年版，第 474 页。

〔14〕《邓小平文选》第 3 卷，人民出版社 1993 年版，第 374 页。

〔15〕《邓小平文选》第 3 卷，人民出版社 1993 年版，第 91 页。

〔16〕《邓小平文选》第 3 卷，人民出版社 1993 年版，第 371 页。

〔17〕《邓小平文选》第 2 卷，人民出版社 1994 年版，第 143 页。

〔18〕《邓小平文选》第 3 卷，人民出版社 1993 年版，第 297 页。

〔19〕《邓小平年谱（1975—1997）》（上），中央文献出版社 2004 年版，第 459 页。

〔20〕《邓小平文选》第 2 卷，人民出版社 1994 年版，第 201 页。

〔21〕《邓小平文选》第 2 卷，人民出版社 1994 年版，第 57 页。

〔22〕《邓小平年谱（1975—1997）》（上），中央文献出版社 2004 年版，第 173、381 页。

〔23〕《邓小平文选》第 3 卷，人民出版社 1993 年版，第 375 页。

〔24〕《邓小平文选》第 3 卷，人民出版社 1993 年版，第 132、142 页。

〔25〕《邓小平文选》第 3 卷，人民出版社 1993 年版，第 262、270 页。

〔26〕《邓小平文选》第 3 卷，人民出版社 1993 年版，第 369、375、377 页。

〔27〕《邓小平年谱（1975 1997）》（下），中央文献出版社 2004 年版，第 1341、1358、1359、1369 页。

〔28〕《邓小平文选》第 3 卷，人民出版社 1993 年版，第 355 页。

〔29〕《邓小平文选》第 3 卷，人民出版社 1993 年版，第 82 页。

〔30〕《邓小平文选》第 3 卷，人民出版社 1993 年版，第 270 页。

〔31〕《邓小平文选》第 3 卷，人民出版社 1993 年版，第 354 页。

〔32〕《邓小平文选》第 3 卷，人民出版社 1993 年版，第 358 页。

〔33〕《邓小平文选》第 3 卷，人民出版社 1993 年版，第 279 页。

〔34〕《毛泽东选集》第 2 卷，人民出版社 1991 年版，第 494 页。

〔35〕《邓小平文选》第 3 卷，人民出版社 1993 年版，第 355 页。

〔36〕《邓小平年谱（1975—1997）》（下），中央文献出版社 2004 年版，第 1107 页。

〔37〕《邓小平年谱（1975—1997）》（下），中央文献出版社 2004 年版，第 1223 页。

〔38〕《邓小平年谱（1975—1997）》（下），中央文献出版社 2004 年版，第 1271 页。

〔39〕《邓小平文选》第 3 卷，人民出版社 1993 年版，第 366 页；《邓小平年谱（1975—1997）》（下），中央文献出版社 2004 年版，第 1325 页。

〔40〕《邓小平年谱（1975—1997）》（下），中央文献出版社 2004 年版，第 1328、1359 页。

〔41〕《邓小平年谱（1975—1997）》（下），中央文献出版社 2004 年版，第 1359 页。

〔42〕《邓小平文选》第 3 卷，人民出版社 1993 年版，第 277 页。

〔43〕《邓小平文选》第 3 卷，人民出版社 1993 年版，第 356 页。

〔44〕《邓小平文选》第 3 卷，人民出版社 1993 年版，第 312 页。

〔45〕《邓小平文选》第 3 卷，人民出版社 1993 年版，第 327 页。

〔46〕《邓小平文选》第 3 卷，人民出版社 1993 年版，第 354 页。

〔47〕《邓小平文选》第 3 卷，人民出版社 1993 年版，第 368 页。

〔48〕《邓小平文选》第 3 卷，人民出版社 1993 年版，第 375 页。

向邓小平学习
Xiang
Dengxiaoping
Xuexi

第六章

向邓小平学习调查研究

要保证领导工作决策正确，执行有效，首先必须在重视和加强调查研究上花力气，在摸索和讲究调查研究方法上下功夫。邓小平几十年如一日，长期身体力行，深入基层，调查研究。哪怕是到了晚年，仍不顾年事已高，尽可能到第一线去了解第一手材料，尽可能多接触一些方面，并把开座谈会、进行个别交谈等多种方法并用，努力把调查与研究结合起来，在调查的基础上研究新东西，为我们树立了调查研究的光辉典范。

1. 有调查，才有发言权

20世纪50年代，张震将军向南京军事学院院长刘伯承元帅请教一个问题：能否把挺进大别山作为解放战争战略进攻的序幕。刘帅沉思了一下，表示同意。接着，他突然问道："你看小平同志没有上过军事学校，为什么打仗决心那么正确？"

张震没有一点思想准备，一下子被问住了。他想起与邓小平的短暂接触中自己受到的教益，想起跟二野同志一起学习时常听他们讲到的——小平和伯承同志是一对团结战斗的楷模，无论在什么情况下都能密切配合，亲密无间，就像一个人一样。二野打仗最困难的时候，常常是小平同志下决心，伯承同志具体组织。小平同志平时话不多，不大开玩笑，但决心坚定，不会轻易改变。于是就对刘帅说，可能是小平同志了解上级的意图、对方的敌情和自己的部队吧。刘伯承颔首表示同意，并说道："关键在于小平同志在实践中掌握了军事辩证法，因此善于根据实际情况作出决断，这是最重要的啊！"

知邓者，莫过于刘伯承也。

作为第一代中央领导集体的重要成员，邓小平一贯重视调查研究，把调查研究作为领导工作和领导者决策的前提条件及首要问题，看作是贯彻中国共产党的思想路线和群众路线的必然要求。

土地革命战争初期，邓小平以中共中央代表身份被派往江西领导武装斗争，并最终在左右江地区成功领导和发动了百色起义、龙州起义，创建了左右江革命根据地。当时，在左右江这样一个少数民族聚居且相对封闭落后的农业区域开展工作，并不是很容易的事。"要了解某个重大问题，必须调查各个方面的情况"，这是邓小平反复强调的一句话，也道出了他当年开展土改、处理问题的一个重要原则。

据曾在邓小平领导下战斗过的红七军老战士黄荣回忆，当时邓小平经常深入基层，搞调查研究，体察农民疾苦。他是左右江革命根据地党政军的最高领导人，但在衣食住行方面没有任何特殊之处，经常一身壮家装束，奔走在壮乡的各个村落。至今，右江一带一些老人还回忆说："凡是邓小平到过的地方，农民夜校办得特别火热，群众都认识他。"

在深入群众进行调查的时候，邓小平总是入乡随俗，毫无架子，与最基层的群众交心。1930年3月底4月初，他到向都县开展土改调查，住在县农民赤卫军总指挥黄绍谦家里。黄绍谦为邓小平找来一把精致的银制小烟壶，让他抽烟，邓小平却笑着请大家抽自己随身带的土丝烟。农军战士都围拢来，毫无拘束地与邓小平你一撮、他一捻地抽起烟来。在抽烟的过程中，战士们已与邓小平交上了朋友，聊起了家常和革命的事情。

邓小平善于接近少数民族群众，通过和他们交朋友、拉家常，来倾听他们的呼声，体察他们的情绪，了解他们的疾苦。1930年3月中下旬，为搞好思林县的土地革命，邓小平在真良村访贫问苦达半个月之久。当他了解到思林县老百姓有交老同（即同龄）的习俗后，便风趣地对一些与自己同龄的壮族老乡说："咱们算是老同了，说老同嘛，就是同心干革命。"在群众家里，邓小平看到他们挑水困难，便跑到很远的山泉边去洗脸；没有房子，就跟护送人员一起搭地铺，七八个人同挤在三床破旧的棉被里；夜里，他珍惜老乡的灯油，见油灯点着两根灯芯，就拔掉一根。对此，当地群众无不赞叹："邓政委像我们壮家人一样。"邓小平这种平易近人、和蔼可亲的态度，也就是毛泽东提倡的做社会调查所需要的眼睛向下、和群众做朋友的态度。没有这种态度，也就难以了解到真实情况。

邓小平不仅本人善于做调查工作，而且善于部署并领导下属开展社会调查。以土地革命的调查活动为例。土地革命前，邓小平要求各个连队组织宣传队，深入山区、农村、街道工人中去，了解群众的疾苦。他亲自创办的《右江日报》在 1929 年 12 月 18 日便登有《宣传队下乡情形》等调查报告。土地革命初步开始后，邓小平部署乡苏维埃政府行政委员、土地委员、财政委员、文化委员、肃反委员、粮食委员、赤卫委员、青年委员、妇女委员等开展调查土改。仅土地委员就有调查全乡土地、调查确定地主豪绅及反革命者的土地、农民耕作所收获的谷物数量、改良耕作的方法等 10 项任务。土地革命全面铺开后，邓小平指示区苏维埃政府即开始与土地有关的调查工作。土地革命结束后，邓小平则强调要总结走群众路线的土改，找出干部工作中存在的问题和不足，并及时纠正。在邓小平的带动和影响下，左右江地区涌现出一批如韦拔群、雷经天、张云逸、李明瑞等善于联系群众、关心群众疾苦的优秀领导干部。

事实上，新民主主义革命时期，以毛泽东等老一辈革命家为代表的中国共产党人，之所以能够领导人民成功地开辟一条有中国特色的民主革命道路，最根本的一条经验，就是反对从"本本"出发、脱离实际的教条主义，通过深入细致的调查研究，深切了解和掌握中国国情，从而做到了从实际出发，把马列主义基本原理同中国革命具体实际结合起来。

2. 调查就是要解决问题

革命时期没有调查，没有发言权；建设时期和改革时期同样是没有调查，就没有发言权。

1956 年，邓小平在中共八大作《关于修改党的章程的报告》，明确提出："一个党和它的党员，只有认真地总结群众的经验，集中群众的智慧，才能指出正确的方向，领导群众前进。""离开群众经验和群众意见的调查研究，那末，任何天才的领导者也不可能进行正确的领导。"[1]这两句话，鲜明有力，表明了他对调查研究重要性的深刻认识。

进入社会主义建设时期，特别是改革开放新时期，邓小平多次强调："要多做点工作，多搞点调查研究"，要使领导工作人员有足够的时间深入群众，善于运用典型调查的方法，研究群众的情况、经验和意见，而不是像现在这样，把绝大部分时间用在坐办公室、处理文件、在领导机关内部开会上面。在他看来，重视不重视调查研究，不是一般的小问题，而是关系到能否坚持思想路线的大问题。他在多次会议上说："能不能深入下去，工作能不能落实，关键在于领导干部是不是以身作则，深入部队、调查研究、从实际出发，分析问题、解决问题。"

对于实际工作中存在的不重视调查研究的作风，邓小平提出了严厉批评。他说：不少领导机关和领导干部，高高在上，不接近群众，不重视调查研究，不了解工作中的真实情况。他们往往不是从客观的实际条件和人民群众的具体实践出发，来考虑和决定他们的工作，而是从不确切的情况出发，从想象和愿望出发，主观主义地来考虑和决定他们的工作。邓小平深刻地指出：各级领导人的作风要转变，要解决官僚主义的问题、不深入实际的问题。我们办事情，做工作，必须深入调查研究，联系本单位的实际解决问题。有了经常的细致的工作，了解问题就可以比较深入，这对调查研究也有帮助。

邓小平是这样说的，也是这样做的。他以实际行动，为全党树立了调查研究的典范，并在长期的领导工作实践中，形成了自己独特的调研特色。这种特色，可以简单概括为两个词：求真、务实。

邓小平曾襟怀坦白地说过："我是实事求是派"；"我读的书并不多，就是一条，相信毛主席讲的实事求是。过去我们打仗靠这个，现在搞建设、搞改革也靠这个。"〔2〕翻开《邓小平文选》,我们常常可以看到"拿事实来说话"、"拿事实来回答"这样的字句。具体到调查研究上,如何了解到真实情况,极为重要。在这个问题上,邓小平历来主张用实事求是的唯物论观点搞调查研究,既不唯上级文件的本本,也不唯基层干部的汇报,只唯躬身实际调查。他极为反对弄虚作假和带着事先定的调子下去调研,认为那种走马观花、流于表面的调研,是发现不了真正问题的,那样做不是一种对党和人民的事业认真负责的态度。

1961年,全党大兴调查研究之风。根据毛泽东的指示,邓小平和彭真4月上旬到北京顺义县农村进行调查研究。本着对党的事业高度负责的精神,围绕当时调整农村政策中急需解决的问题,如基本核算单位的确定、社员工分口粮的分配、三七开供给制的实行、公共食堂的去留以及农村手工业、家庭副业的开展等问题,邓小平深入群众,听取各方面的意见,除召开座谈会外,他还进行实地调查,入户访问,明察暗访,直接听取群众意见。

刚到顺义时,因为反右扩大化、反"右倾"运动的教训,大部分干部有顾虑,不敢讲真心话,谈到粮食减产的原因时,把"劳力外调多"作为首要原因。为了鼓励讲真话、讲实话,邓小平便追问:1959年、1960年劳力外调比1958年少,为什么粮食反倒连续减产呢?看来减产的主要原因不是劳力问题,是政策的问题,是瞎指挥、"一平二调"搞得群众没劲头了,有了劲头地就会种好。邓小平带头讲真话,直接点出政策出了问题,调动群众的积极性才是解决当前农村问题的关键。通过调查研究,他充分肯定了当时尚有争议的"三包"(包工、包产、包成本)、"一奖惩"(超额有奖,减产受罚)、"四固定"(土地、劳力、耕畜、农具固定到生产队使用)的责任制,指出"一定要实行定额包工,多劳多得是天经地义的事,是社会主义的分配原则"。

　　顺义调查开始时，不仅干部们谈起停办公共食堂有顾虑，怕被打成右倾，邓小平在这个问题上也拿不准。然而，随着调研的深入，当他了解到食堂占的劳动力多，消耗燃料，加工粮食又有损耗，还给社员生活带来许多不便时，便在座谈会上明确表态说：吃食堂是社会主义，不吃食堂也是社会主义，要根据群众的意愿，决定食堂的去留。在 5 月 4 日听取调查汇报后，他又讲：吃不吃食堂都完全根据自愿；吃不吃食堂都好、都光荣；吃不吃食堂都给予便利。5 月 18 日，北京市委贯彻中央的精神，按照邓小平和彭真的指示，以北京市委的名义给农村党员发了一封信，说明吃不吃公共食堂要坚持完全自愿的原则，要求各生产队要将此信向所有社员逐字逐句地宣读，由社员自己解决食堂问题。这个政策一公布，农村公共食堂在自愿的原则下全部散伙，群众皆大欢喜。

　　邓小平是一个务实的人，不喜欢华而不实的空架子，说话办事喜欢干脆利落。在他看来，调查研究只是前期的工作，基于调研的情况制定和实施重要的决策才是真正目的所在，尤其是针对调研中发现的问题，邓小平总是敢字当头，敢于担当，及时解决，为人民快办实事、办好实事。

　　在 1961 年的顺义调查中，当他看到芦正卷村沙地多，全村吃水仅靠一口井时，便在随后召开的县委汇报会上，提出由县政府和公社拿出一部分钱帮助他们打两眼机井，修上水渠。这样既可以解决吃水问题，还可以发展水浇地，开辟几十亩果园。事后，县委将邓小平的意见加以实施，该村的旧貌迅速得以改变。

　　5 月 10 日，邓小平在京郊顺义考察回来的当天，便和彭真一起，给毛泽东写了一封信，就调整社队规模、公共食堂、家庭副业等 7 个方面的问题作出报告，提出了改进意见。不久，调查组又以北京市委的名义向中央及华北局写了 6 个专题报告，随这些报告还附有基层单位的典型材料 19 件。邓小平的信和报告，综合在京郊农村调查了解到的情况，明确提出了自己的意见，使许多制约农业发展的问题很快得到解决。

比如，他建议缩小社队的规模。邓小平到顺义时，农村基本核算单位定在大队，每个大队平均540多户，最大的有2559户。由于经营规模过大，社员对基本核算单位内部运行情况不清楚，意见很大。邓小平提出：是不是可以肯定这样一条，核算单位划小，相互熟悉，相互矛盾好解决，产量就上去了。基本是一村一个，小村可以合并。市委常委讨论同意了这个建议，再经彭真与邓小平同意后，立即向各县（区）委部署，对基本核算单位、包产单位做了调整。经过调整，基本核算单位由1156个调整为3313个，平均每个单位183户，每个包产小组55户。这样做，基本适合当时当地的生产力发展水平，充分反映了群众愿望，有利于组织农业生产，有利于经营管理，调动了广大群众的生产积极性。

由于邓小平在顺义调查时问题抓得准，分析得客观深入，受到了毛泽东的重视。毛泽东1961年5月13日就邓小平和彭真的来信批示："此信发给各中央局，各省、市、区党委，供参考"。可以说，邓小平的顺义调研，对中央农村政策的调整起到了积极的推动作用。1961年5月21日召开的中央工作会议，修改制定了《农村人民公社工作条例》，这一文件吸收了各地的调研成果，取消和纠正了一些明显的错误，受到了基层干部和农民群众的欢迎。

1975年，邓小平受命于危难之际，主持国务院工作。当时，全国钢铁生产情况很不乐观，包头、武汉、鞍山、太原等钢铁公司欠产严重。通过深入调研，邓小平在1975年5月21日国务院办公会议上指出："对钢铁生产，我看到了解决问题的时候了，解决的条件也成熟了。各个行业都要支持。现在的问题是，你们敢不敢接受中央的支持，敢不敢按中央这次批示的要求去办。不管是哪一级的领导，不能总是怕这怕那。现在，干部中的一个主要问题，就是怕字当头，不敢摸老虎屁股。我们一定支持你们，也允许你们犯错误。要找那些敢于坚持党的原则、有不怕被打倒的精神、敢于负责、敢于斗争的人进领导班子。"他诙谐地说："我是维吾尔族姑娘，辫子多，一抓一大把。要敢字当头。"〔3〕

那一年，邓小平不顾个人荣辱，冒着再次被打倒的风险，力挽狂澜，大刀阔斧地整顿"文化大革命"造成的严重混乱局面。他果断提出并雷厉风行地在全国各个领域进行以系统纠正"文化大革命"左倾错误，恢复国民经济，实现社会稳定为主要内容的全面整顿。全面整顿的业绩和他在整顿中表现出的铮铮风骨，赢得了党心、军心、民心，实际上拉开了中国改革的序幕。

决策恢复高考，是邓小平功在当代、利在千秋的不朽之作。1977 年 8 月，邓小平与当年高校招生工作会议代表座谈，就高校招生制度进行调查研究。在充分听取科教界专家的发言后，他当机立断、当场决定，立即收回仍规定实行群众推荐工农兵上大学的招生文件，尽快重新制定新的招生文件，当年就恢复高校考试招生制度。邓小平在调查研究的基础上，快事快办，及时解决具体问题的这一招，使关闭 10 年之久的高考大门终于重新打开，570 多万求学若渴的有志青年，在当年隆冬季节走进了高考试场，创造了新中国高考史上的奇迹，从而不仅改变了一代知识青年的命运，而且为中国改革开放和现代化建设事业培养了一批承前启后、继往开来的高素质人才。

创办经济特区，是中共十一届三中全会以后中国实行对外开放的一项重要举措，也是邓小平深入实际调研、当机立断决策的生动体现。1977 年 11 月，复出后的邓小平第一次外出调查，首站选择了广东。此时的深圳还叫宝安县，乃是一个全部人口只有 30 万的古旧的边陲小城，而与之隔河相望的香港，被世界称作"东方明珠"，是亚洲"四小龙"之一。30 多年前，如果我们高空俯视深圳河的两岸，会发现这样一幕景象：一边是高楼大厦，鳞次栉比；一边却是低矮的平房，衰败破旧，显然是两个不同的世界。当时，与香港仅一河之隔的深圳农民人均收入只有134元人民币，而河对岸的香港新界农民同期收入为13000元港币，完全可以用"天壤之别"来形容。所谓"水往低处流，人往高处走"，粤港边界上的偷渡逃港事件持续不断。

调研中，邓小平听了关于逃港问题严重的汇报后，立即插话说："这是我们的政策有问题。"他说："这不是部队能够管得了的。"最后，他又总结道："你们的问题相当集中，看来中心的问题还是政策问题。"1979年4月中央工作会议期间，当广东省委提出，希望中央下放若干权力，让广东在对外经济活动中有必要的自主权，允许在毗邻港澳的深圳市、珠海市和重要侨乡汕头市举办出口加工区的建议时，邓小平首先表示坚决赞成和支持。就在汇报完的当天，他即同广东省负责同志谈话。他说："还是叫特区好，陕甘宁开始就叫特区嘛！中央没有钱，可以给些政策，你们自己去搞，杀出一条血路来。"〔4〕正是这个重大的决策，使中国从此打开了对外开放的突破口。

3. "决定数字就是决定政策"

邓小平求真务实的领导作风和工作方法，体现在调查研究工作中，一个鲜明的特点就是"问数字"、"爱算账"。他到各地调查研究，常常通过算账摸清建设进展、发现存在问题、纠正工作失误，通过算账为重要决策的制定与实施提供具体依据。

1961年7月14日，为进一步讨论《国营工业管理工作条例（草案）》，邓小平亲率调查组到东北，就工矿企业和城市工作、人民生活等问题进行调查研究。在这次调查中，邓小平对职工的生活关心得最多，也说得最多，问得最细。在哈尔滨时，他问油田负责同志："职工生活如何？一个月吃多少钱?"这位同志回答:"按过去一个月十三四元就够了,最近来了一批进口面粉,每斤三角二分,这样花钱就多了,低工资工人手头很紧。"邓小平当即对时任黑龙江省委书记李剑白说:"进口面粉也不能抬高物价,按国内的价格调拨。"李剑白表示马上解决这个问题,多交的款退回。接着邓小平又问:"职工冬装解决了没有?食堂办得如何?"听了汇报以后,他指示:"食堂要好好管理,不宜过大。"到了油田,看到工人们正在盖干打垒房子,他一一询问:"去年盖了多少平方米?今年能盖多少?每平方米多少钱?"当他听到每平方米十二三元钱时表示,这样就可以多搞。

邓小平在调查研究中"爱算账",不是就数字论数字,而是将数字作为从政治大局和长远目标来考虑问题的依据。看起来他是在算细账,实际上是从具体的数字来看全局,算大账。算账里面有战略,数字里面有政治。

早在解放战争时期,刘邓大军千里挺进大别山时,邓小平就强调从全局和长远来看得失,而不是看一时和局部的得失。1948 年 4 月 25 日,在对部队将领讲到"跃进中原的胜利形势与今后的政策策略"时,邓小平强调,我们应该看到人民解放军已经从战略上"由防御转为进攻"。他批评"有些同志往往不了解这一点","有个别的人怀疑是否局面变坏了。其实只要好好地算算账,就会懂得的"。

新中国成立之初,作为政务院副总理兼财政部长,邓小平十分强调要从数字看全局、看政治的道理。1954 年 1 月,他告诫全国财政厅局长们说:"数目字内包括轻重缓急,哪个项目该办,哪个项目不该办,这是一个政治性的问题。""数字中有政策,决定数字就是决定政策。"[5]意在提醒大家不要小看数字,要充分把握数字在决定政策、作出决策时的重要作用。

改革开放以后,在研究和确定中国社会主义现代化建设的战略目标时，邓小平尤其注意从算细账方面来看大局、定大局。

1982年9月，中共十二大提出，到2000年实现全国工农业总产值在1980年的基础上翻两番，使人民生活达到小康水平的宏伟目标。从此，"翻两番、奔小康"，成为全党和全国人民议论的热点，中国老百姓体会自己的生活，有了一个具体的、朴实的说法。而邓小平更关心的是，小康目标究竟切不切合中国实际，到底能不能如期实现，翻两番的目标到底靠不靠得住？"翻两番"的目标实现后，社会又将是什么样子？带着这样的思考，1983年2月，邓小平离开北京，踏上南下的列车，到经济发展较快的苏浙沪地区调研，以获取第一手资料。

2月9日下午，邓小平从江苏来到杭州。一见到前来迎接的浙江省委负责，他便开宗明义地说："我这次在苏州，与江苏同志主要谈到2000年是不是可以翻两番，达到小康水平的问题。现在苏州工农业总产值人均已接近800美元。苏州同志谈，他们共解决了六个方面的问题。江苏从1977年至1983年六年间，工农业总产值翻了一番，依这样的发展，到1988年就可以再翻一番！"当听到时任浙江省委书记的铁瑛说，浙江到2000年能翻两番半或三番时，邓小平问："你们看，翻两番是不是靠得住？现在是多少？到2000年是多少？"铁瑛一一回答。

3月2日，邓小平回到北京之后，约请几位中央负责谈话。他说："这次，我经江苏到浙江，再从浙江到上海，一路上看到的情况很好"，"看来，四个现代化希望很大。""到本世纪末实现翻两番，要有全盘的更具体的规划，各个省、自治区、直辖市也都要有自己的具体的规划，做到心中有数。"

在经济特区建设备受关注、同时也饱受争议之时，1984年春节前后，80岁高龄的邓小平踏上了对特区的考察之路。1月24日，邓小平来到深圳，听取时任深圳市委书记、市长梁湘汇报工作。当听到深圳经济特区的工业产值1982年达到3.6亿元，1983年达到7.2亿元时，邓小平说："那就是

一年翻一番?"显然，他对这个递增的速度非常满意。25 日上午，邓小平
考察了深圳河畔一个渔民村。他到老支书吴伯森家做客时，一一询问吴伯
森家里几口人，收入多少。吴伯森告诉他，这个村家家是万元户，自己家
人均月收入四五百元。邓小平听后高兴地对随行人员说："比我的工资还
高啊!"走出渔民村口时，梁湘问："像渔民村这样的生产和生活水平，全
国人民做到要多少年?"邓小平说："大约需要 100 年。"梁湘说："不要那
么长吧?"邓小平说："至少也要 70 年，到本世纪末，再加 50 年。"

　　后来，人们听到邓小平在北京宣布，要在 21 世纪中叶，使中国人民
的生活达到中等发达国家的水平。这一预期目标，就是"三步走"发展战
略的第三步，正好与他在渔民村调研时计算的结果相吻合。

　　实际上，从"中国式现代化"到"小康社会"，从"翻两番"到"三步走"，
这些后来中国人民耳熟能详的字眼，都是邓小平在心里掰着手指算出一笔
笔细账后，为中国特色社会主义现代化精心绘制出的宏伟蓝图。

　　邓小平历来反对轻率地"拍脑袋"，凭想象作出决策，问数字、算细
账，是他在作决策和决断之前进行深入调查的重要方法。通过深入实际调
查，并在调查中问明数字、算清细账，能够从中发现问题并找出解决问题
的办法。

　　1991 年年初，邓小平在上海调查改革开放的情况。在这次调查期间，
他通过数据和速度的分析比较，发现当初确定经济特区时没有将上海划进
去，错过了上海发展的最佳时机。他诚恳地对上海的同志讲："那一年确
定四个经济特区，主要是从地理条件考虑的。深圳毗邻香港，珠海靠近澳
门，汕头是因为东南亚国家潮州人多，厦门是因为闽南人在外国经商的很
多，但是没有考虑到上海在人才方面的优势。上海人聪明，素质好，如果
当时就确定在上海也设经济特区，现在就不是这个样子。14 个沿海开放
城市有上海，但那是一般化的。浦东如果像深圳经济特区那样，早几年开

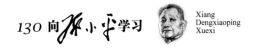

发就好了。开发浦东，这个影响就大了，不只是浦东的问题，是关系上海发展的问题，是利用上海这个基地发展长江三角洲和长江流域的问题。"为此他提出："抓紧浦东开发，不要动摇，一直到建成。"[6]他强调坚持改革开放，"要用事实来证明"。

在邓小平的亲自推动下，浦东开发成为20世纪最后10年中国改革开放的重点。如今，20多年过去，一座外向型、多功能、现代化的新城区已经崛起，浦东已经当之无愧成为世界最具竞争力的地区之一，成为举世瞩目的"中国改革开放的象征"和"上海现代化建设的缩影"。

在实际调查中详细了解各种情况和细算每笔账，具体而生动地体现了邓小平求真务实的领导作风。他在每次视察和调研时，都力求准确了解真实情况，发现报告和汇报中可能存在的虚假问题，并及时予以解决。他非常清楚，他人的报告代替不了自己的调查，同样，他人的意见也代替不了自己的亲手计算。在一定程度上可以说，实事求是的作风往往就体现在摸清真实的情况之中，一切从实际出发的态度往往就体现在注重调查研究之中。

无数事实表明，调查研究不仅是邓小平最重要的工作方法之一，甚至已成为邓小平的工作习惯。视察经济特区是调查研究，考察上海浦东是调查研究，南方谈话也是调查研究……所有的调查研究，其落脚点都是在发现问题上，而这些问题后来又都演绎成了一个又一个中国特色社会主义事业建设中的重大决策。

注　释

〔1〕《邓小平文选》第 1 卷，人民出版社 1994 年版，第 218—219 页。

〔2〕《邓小平文选》第 3 卷，人民出版社 1993 年版，第 209、382 页。

〔3〕《邓小平年谱（1975—1997)》（上），中央文献出版社 2004 年版，第 47 页。

〔4〕《邓小平年谱（1975—1997)》（上），中央文献出版社 2004 年版，第 510 页。

〔5〕《邓小平文选》第 1 卷，人民出版社 1994 年版，第 193 页。

〔6〕《邓小平文选》第 3 卷，人民出版社 1993 年版，第 366 页。

向 邓 小 平 学习
Xiang
Dengxiaoping
Xuexi

第七章

向邓小平学习乐观心态

邓小平，曾经两次被美国《时代周刊》杂志评为年度风云人物，是公认的世界伟人、时代伟人、世纪伟人。他意志坚定、生性达观、襟怀坦荡、处变不惊，即使到了80岁高龄依然身体硬朗、精神饱满。1985年，邓小平在人民大会堂会见特立尼达和多巴哥总理钱伯斯。钱伯斯问邓小平："我想请教一下，您保持身体健康的秘诀是什么？"邓小平笑着说："许多客人问过我，我的回答是四个字：'乐观主义'，天塌下来不要紧，有人顶着。"他说："我是三上三下的人，对什么问题都持乐观的态度，相信自己的信念总会实现，如果没有这样的信念，我是活不到今天的。"[1]

1. 理想信念很重要

理想和信念是一个人对未来前景的向往和追求，是人的精神支柱，是人的内在动力源泉，决定着人生和事业的成败。邓小平的一生，是为了人民的幸福而奋斗的一生。邓小平之所以能为中国新民主主义革命的胜利和社会主义建设与改革作出突出贡献，立下不朽功勋，关键在于他树立了为共产主义而奋斗的理想信念。崇高的共产主义理想和坚定的共产主义信念，是邓小平革命生涯的精神支柱和动力源泉。正是有了这个精神支柱，才使得邓小平在新民主主义革命中不畏艰险，不怕困难，勇挑重担，为新中国的建立立下汗马功劳；正是有了这个精神支柱，才使得邓小平在社会主义建设过程中勇于开拓，不断创新，独辟蹊径，开创了社会主义建设的新局面。

1986 年，邓小平在接受美国哥伦比亚广播公司记者华莱士电视采访时，华莱士问："您说过，您要活到 100 岁，然后可以去见马克思。到那个时候，马克思旁边可能还坐着毛泽东，他们可以对您说些什么？"邓小平说："我是个马克思主义者。我一直遵循马克思主义的基本原则。马克思主义，另一个词叫共产主义。我们过去干革命，打天下，建立中华人民共和国，就因为有这个信念，有这个理想。革命胜利以后搞建设，我们也是把马克思主义的基本原则同中国实际相结合。"[2]

可见，邓小平一直是一个坚定的马克思主义者，"从来就未受过其他思想的侵入，一直就是相当共产主义的。"邓小平从 16 岁到法国留学，期间饱尝了"资本家的走狗——工头的辱骂"，"生活的痛苦"，使邓小平看到了资本主义社会的罪恶，也受到了像李大钊一样已经觉悟了的分子的宣传影响。在法国工人运动的影响下，邓小平的思想也开始发生变化，开始接触马克思主义的书籍，有了参加革命组织的要求和愿望，并加入了中国社会主义青年团旅欧支部，初步确立了共产主义的理想和信念。当邓小平22岁来到莫斯科中山大学之后，他系统地学习了马克思主义基本理论。邓小平非常珍惜在中山大学的学习机会，"能留俄一天，我便要努力研究一天，务使自己对于共产主义有一个相当的认识。"经过学习，邓小平的理论水平得以很大提高，并能坚持以马克思主义的基本原则为指导，批判各种错误观点。从此，他坚定共产主义信仰，真正成为一个名副其实的马克思主义者，并在以后的革命斗争中，一直遵循马克思主义的基本原则。他说："我来莫的时候，便已打定主意，更坚决地把我的身子交给我们的党，交给本阶级。"

邓小平在1988年会见捷克斯洛伐克总统胡萨克的谈话中说："我参加共产党几十年了，如果从1922年算起，我在共产主义旗帜下已经工作了60多年。"[3] 邓小平自从确立了对于马克思主义的理想信念之后，60多年以来，面对任何的政治风浪，无论是艰难的革命环境，还是个人政治生涯中三次被打倒，甚至面临社会主义在世界范围内的挫折，他对马克思主义的理想信念从来没有怀疑过，动摇过，总是那么坚定不移，信心满满。

在革命战争年代，邓小平在做党的地下工作，建立革命根据地，参加两万五千里长征，奔赴抗日前线，参加解放战争等一系列革命实践活动中，面对极端困难的革命环境，他都能做到不屈不挠，英勇斗争，为革命胜利和新中国的建立做出突出贡献，靠的就是理想信念，他坚信自己的理想一定能实现。正如邓小平所说："我们多年奋斗就是为了共产主义，我们的信念理想就是要搞共产主义。"[4] "如果没有对马克思主义的充分信仰，中国革命也搞不成功。" "对马克思主义的信仰，是中国革命胜利的一种精神动力。"正是有了众多具有这种理想信念的革命者的努力，我们才取得了革命的胜利。在和平建设年代，邓小平依然坚持对理想的追求，不懈探索，为开创改革开放的局面以及社会主义建设事业的发展做出了突出贡献。他坚信，中国要发展，没有对马克思主义的充分信仰不行，没有对社会主义的坚定信念也不行，没有信念就没有凝聚力，就没有一切。

从邓小平个人角度来说，他的政治生涯中，曾经三次被打倒，被从高官位置上拉下来，甚至住进了"牛棚"，都没有动摇他对马克思主义的信仰。从社会主义事业发展的大局角度来说，即使社会主义事业受挫，也没有让他对马克思主义产生怀疑。

苏联解体，东欧剧变以后，有人认为社会主义事业走入低谷，对社会主义的信心产生了动摇。此时，邓小平依然坚信："世界上赞成马克思主义的人会多起来的，因为马克思主义是科学。它运用历史唯物主义揭示了人类社会发展的规律。封建社会代替奴隶社会，资本主义代替封建主义，社会主义经历一个长过程发展后必然代替资本主义。这是社会历史发展不可逆转的总趋势，但道路是曲折的。资本主义代替封建主义的几百年间，发生过多少次王朝复辟？所以，从一定意义上说，某种暂时复辟也是难以完全避免的规律性现象。一些国家出现严重曲折，社会主义好像被削弱了，但人民经受锻炼，从中吸收教训，将促使社会主义向着更加健康的方向发展。因此，不要惊慌失措，不要认为马克思主义就消失了，没用了，失败了。哪有这回事！"[5]这也印证了美国著名的研究中国问题的专家斯图尔特·施拉姆的观点："邓小平是一位信奉马克思理念和延安革命精神的经验丰富的革命家，他讨厌由于对资产阶级式的自由主义和个人主义以及其他错误的想法的狂热而对马克思主义和革命精神持怀疑态度。"

有人说，确立理想信念并不难，难的是一辈子矢志不渝地坚持自己的理想信念，无论遇到任何艰难困苦都不动摇。邓小平正是一个毕生坚定、执着追求和向往"英特纳雄耐尔"的革命理想主义者，他对马克思主义的信仰一直坚定，至老弥坚。不管追求理想的道路是多么艰难，也不管要付出多大的代价和牺牲，都义无反顾，永不退缩。只有理想信念的根基扎牢了，政治上才不会漂浮不定，才能有所建树。邓小平正是有了对马克思主义的坚定信念，才保持了在重大斗争和转折面前的坚定立场，而不是随风摇摆，甚至误入泥潭。西方一家杂志社送给邓小平一个雅号——"打不倒的东方小个子"。为什么打不倒，秘诀在于"忍耐"。芬兰前首相索尔萨曾经说过："我们芬兰语中有个特别的词汇：忍耐。含意是拥有崇高的信仰，对为之奋斗的事业充满信心。这个忍耐与信仰便是邓小平的财产。"〔6〕这既是对邓小平所说忍耐的诠释，也符合邓小平的经历。邓小平在逆境中不屈服，不改变立场，充分显示了他对理想信念锲而不舍的追求。

邓小平对共产主义理想的追求，不仅表现在对马克思主义的坚持不动摇，而且表现在坚定地捍卫马克思主义。当社会上出现对马克思主义的歪曲和诋毁时，邓小平总是据理力争，恢复马克思主义的本来面目。特别是在什么是社会主义，怎样建设社会主义这个马克思主义的根本问题上，做出了科学的解释和回答。邓小平指出，社会主义的本质是解放生产力，发展生产力，消灭剥削，消除两极分化，最终达到共同富裕。我们搞的社会主义是有中国特色的社会主义，是不断发展生产力的社会主义，是共同富裕的社会主义，而不是教条的社会主义，也不是"四人帮"鼓吹的贫穷的社会主义。1987年邓小平在会见西班牙工人社会党副总书记格拉时讲道，"四人帮"鼓吹要人们安于贫穷落后，宁要贫困的社会主义和共产主义，也不要富裕的资本主义，这是错误的。"哪有什么贫困的社会主义、贫困的资本主义！马克思主义的理想是实现共产主义。马克思讲的共产主义是'各尽所能，按需分配'的社会。什么是按需分配？没有生产力的极大发达，没有物质产品的极大丰富，怎么搞按需分配？马克思主义讲的共产主义是物质产品极大丰富的社会。共产主义的第一阶段是社会主义，社会主义就是要发展生产力，这是一个很长的历史阶段。生产力不断发展，最后才能达到共产主义。"[7]邓小平在回答美国记者华莱士提问时，也表达了同样的观点。没有穷的共产主义。社会主义是共产主义的第一阶段，当然这是一个很长的历史阶段。社会主义时期的主要任务就是发展生产力，使社会的物质财富不断增长，人们生活一天天好起来，为进入共产主义创造物质条件。不能有穷的共产主义，同样不能有穷的社会主义。这是捍卫马克思主义、坚持马克思主义的正确态度。

另外，1979年，当社会上出现了反对四项基本原则、否定社会主义制度的思潮时，邓小平旗帜鲜明地批判了"社会主义不如资本主义"的错误观点，肯定社会主义制度优越于资本主义制度，能最大限度满足人民的物质、文化需要，指出当前社会主义中国在经济、技术和文化等方面还不如发达的资本主义国家的根本原因，是由于历史上帝国主义和封建主义造成的，明确只有社会主义才能救中国。1983年，针对思想界出现的以"人道主义"和"异化论"为主要内容的资产阶级自由化思潮，邓小平明确指出："精神污染的实质是散布对于形形色色的资产阶级和其他剥削阶级腐朽没落的思想，散布对于社会主义、共产主义事业和对于共产党领导的不信任情绪，"要求思想战线的同志高举马克思主义和社会主义的旗帜，坚信社会主义和党的领导。当1989年中国政治风云变幻，西方国家对我国采取经济制裁，给我们施加压力，企图搞垮社会主义中国的时候，邓小平坚定地告诉全党：中国的社会主义是变不了的。中国肯定要沿着自己选择的社会主义道路走到底。谁也压不垮我们。只要中国不垮，世界上就有五分之一的人口在坚持社会主义。我们对社会主义的前途充满信心。[8]只要中国的社会主义不倒，社会主义在世界将始终站得住。

邓小平对马克思主义的坚定信念，成为他革命和建设过程中一直勇往直前、战胜挫折的重要人格力量。

2. 心态保持乐观

如果说理想和信念是革命者前进的动力，那么，乐观主义就是革命者战胜困难、渡过难关的一叶方舟。邓小平一生际遇坎坷，经历了无数的磨难和困难，但是他没有被打倒。匈牙利著名记者代内尔在他著的《邓小平》一书中说道：他个子矮小，但体肩宽阔，显得刚毅有力……在被"文化大革命"这一政治地震压倒在地，尔后又恢复名誉、重新出台的人之间，他是地位最高的一个。他是怎么熬过来的呢？这是研究邓小平的中外学者都非常关注的一个问题。

1984 年 3 月，日本首相中曾根康弘曾问邓小平，你最痛苦的是什么时候？邓小平说过，一生最痛苦的当然是"文化大革命"的时候。同时，邓小平也肯定，自己是个乐观主义者，即使在那种处境，也总相信问题是能够解决的。当然，邓小平的革命乐观主义精神来自其对于马克思主义真理的科学认识和坚定信仰。他在回答外国客人提出关于身体健康的"秘诀"时指出，靠的就是'乐观主义'四个字，天塌下来也不要紧，总有人顶住，相信自己的信念总会实现。就如江泽民评价的那样："当他受到错误打击、身处逆境的时候，他从不消沉，总是无私无畏，不屈不挠，沉着坚韧，对党对人民无限坚贞，对我们事业的未来抱乐观主义。"〔9〕

邓小平正是因为具有了这种乐观、豁达的心理素质，才能不断战胜各种困难，成为"打不倒的东方小个子"，并成就其对中国革命和建设的不朽功勋。可以说，邓小平一生中的坎坷和磨难，都是靠着乐观主义熬过来的。

在法国留学期间，邓小平吃尽了苦头。他曾经在饭馆当招待，在码头和火车站运送货物以及搬运行李，在建筑工地推砖、搬瓦、扛水泥以及当清洁工等，靠这些来维持基本的生计。在法国，当散工是相当艰苦的，每天早、晚、夜三班轮流，不能停歇，而且劳动强度非常大，又脏又累。除了忍受这种工作的劳累和艰苦外，还要忍受法国工头的辱骂和歧视。但是为了求知，邓小平认为吃点苦不算什么。在邓小平走向职业革命家的道路之后，他担任过《少年》刊物的编辑，条件是非常艰苦的，白天做工糊口，晚上通宵苦干，吃面包，喝白开水，干革命宣传工作。但是他敢于吃苦，表现了一种艰苦奋斗、乐观向上的革命热情。在回国参加革命后，情况依然非常艰难，邓小平回忆说："我们在上海做秘密工作，非常艰苦，那是吊起脑袋在干革命。我们没有照过相，连电影院也没去过。"邓小平25岁领导了广西百色起义，开始着手干军事，一直到解放战争胜利。期间参加艰苦卓绝的两万五千里长征，邓小平后来回顾万里长征时提道："过雪山之前，我的马死了，所以过雪山时，别人还有马尾巴可以拉着借劲而行，而自己是一步一步地爬过这千年雪山的。过了雪山后，傅钟送了我三件宝，一匹马，一件狐皮大衣，一包牛肉干，这三样东西可是顶了大事呀！"〔10〕抗日战争时期，邓小平独自在太行山主持战略区工作时，条件也是特别艰苦，以至于邓小平在后来回顾抗日战争最后三年时讲的一句话就是，我没干什么事，只干了一件事，就是吃苦。解放战争的三年，是邓小平一生中最高兴的三年，跃进中原，决战淮海，横渡长江，进军西南，直到新中国的成立，虽是胜仗不断，但是，其中的艰苦也是事实。如千里跃进大别山时，队伍久战疲惫、人员伤亡、补给不足的困难，黄河水情的威胁，蒋介石十几万大军的前堵后追，都是需要面对的严重困难。淮海战役时，兵力总数少于敌军，装备不如敌军的困难也现实存在着，但是这些硬骨头都被邓小平一一给啃了下来。革命战争年代，面临的困难不胜枚举，但是邓小平甘于吃苦，敢于吃苦，凭着对理想信念的坚定信仰以及革命的乐观主义精神，克服了种种困难，走出逆境，最终建立了新中国。

邓小平在政治生涯中的"三落三起"的传奇经历，在党和国家最高领导层里独一无二。美国擅长写人物传记的索尔兹伯里对邓小平的"三落三起"也感慨万端，说："邓小平的东山再起，其离奇变幻，即使通查中国的古籍也找不出第二件。"邓小平的"三落三起"，让他走过了一条崎岖坎坷的生活道路，经历了难以想象的困难。特别是在"文化大革命"期间邓小平的两次"落"，带给邓小平比第一次"落"更大的冲击和艰难。1966 年，担任总书记的邓小平被扣上了"党内另一个最大的走资本主义道路的当权派"、"中国第二号修正主义分子"等帽子，受到错误的批判和斗争。邓小平在被押送到江西省新建县后，住进了南昌郊外一所无人管理、残损不全的灰砖楼房。每天在监管人员的押送下，步行到距离 20 分钟远的新建县拖拉机制造厂参加劳动，干的是钳工。而且，经济上的制裁，也让邓小平一家生活非常艰难。饭馊了，邓小平依然吃。面对女儿毛毛的反对，邓小平说："有什么关系，烧开了，细菌就杀死了，我肚子好，吃了没事！"邓小平的这次"落"，不仅使自己政治上受到打击，个人境遇发生变化，而且还连累了家人。他的弟弟邓署平被逼自杀，他的儿子邓朴方受到红卫兵的威胁、拷打，最后被从三层楼上抛下来，造成了腰以下部位的瘫痪。邓小平其他三个女儿和儿子也被送到农村去接受"再教育"。

现实的艰难坎坷并没有彻底击倒邓小平，在困难面前，邓小平选择含笑应对。邓小平忍受了常人难以忍受的苦难，咽下了常人难以咽下的苦果。在每次被打倒之后，邓小平并没有消沉颓废，也没有一蹶不振，而是处变不惊，坚忍不屈，最后又总能站起来。邓小平这位伟人无论在任何艰难困苦的情况下，都能忍辱负重，委曲求全而又愈挫愈坚、不屈不挠，做到三次被打倒又三次奇迹般地复出，而且是一次比一次更加引人注目，一次比一次走向成功。其中原因，一方面当然是他追求真理，具有坚定的理想信念，另一方面，也与他本人具有的不怕挫折，乐观向上的生活态度密切相关。正如邓小平自己所言："什么问题都持乐观态度，相信自己的信念总会实现。"邓小平身处逆境而乐观自信，他不会杞人忧天，"天塌下来有高个子顶着呢"。

邓小平生性乐观，胸怀坦荡，临危不惧，处惊不变。他的乐观主义已达到一个相当高的境界，不以物喜，不以己悲，心中始终装着祖国和人民，一心为天下苍生谋幸福，从不计较个人得失。正是因为这种乐观主义精神，使他相信问题总能解决，坚信历史会作出正确结论，才使他顺利渡过各种艰难险阻。毛毛曾经深情地总结："我父亲为人性格内向，沉稳寡言，五十多年的革命生涯，使他养成了临危不惧、遇喜不亢的作风，特别是在对待个人命运上，相当达观。在逆境之中，他善于用乐观主义精神对待一切，并用一些实际的工作来调节生活，从不感到空虚和彷徨。"〔11〕

邓小平对待坎坷和磨难所持的乐观主义，不是盲目乐观，而是建立在对共产主义理想信念的坚定以及对客观现实的正确的分析基础上的。邓小平对共产主义有坚定的信念，所做的一切都是为了共产主义的理想追求，这使得邓小平在身处逆境时，从不放弃，从不沉沦，总是能从共产党人的伟大信仰中看到前景，获得力量。即使被赶进了"牛棚"，仍不失信心。邓小平被下放到江西偏远的小厂进行劳动，做了一名普通钳工，地位的反差没有让邓小平消极悲观。他选择"含笑应对"。笑对逆境，是一种为真理为理想支撑的精神状态。他相信并始终坚持自己的所做所说是正确的原则立场，正确的东西往往总要战胜错误的东西，违背马克思主义、背离现实的错误的思想和做法总是站不住脚的，那些迫害甚至企图毁灭他的邪恶势力最后一定会被打倒，问题总会解决，自己还会出来工作，人民一定会做出正确的选择。1976年，随着"文化大革命"的结束，邓小平出来工作成为人心所向，大势所趋。邓小平恢复了职务，中国也开始了"邓小平时代"！邓小平对理想信念的坚定和对形势的分析判断在现实中得以印证。

　　邓小平对待坎坷和磨难所持的乐观主义，不是盲目乐观，因为他是有应对磨难的能力和战胜苦难的方法的。他总是想尽办法，拉开与苦难的距离。邓小平在江西劳动时，工资被扣发，只发生活费，这让邓小平一家的日子更加艰难。为了开辟新的生活来源，邓小平带领全家在用冬青和竹篱笆围成的空地边上开荒，开出了一片菜地，种了白菜、胡豆、辣椒、丝瓜等，并在院子里养了几只小鸡，另外，邓小平还学会了自酿米酒。这些努力，改善了邓小平一家的生活状况。邓小平夫妇在菜园劳动时，经常发出欣喜的笑语，这也是他们在抗争中用欢乐来应对苦难。

　　邓小平对待坎坷和磨难所持的乐观主义，不是盲目乐观，因为他坚持不懈地做着为走出逆境后继续为党和人民工作的努力。"花落自有花开日，蓄芳待来年。"在蒙难江西的日子里，邓小平除了在监视下进行劳动外，还不断坚持读书、锻炼和思考，等待东山再起的一天。邓小平在那个年代里，除了读了大量的马列著作外，还读了"二十四史"以及古今中外的其他书籍，这些书在以前因为繁忙的革命工作他是无暇顾及的。另外，邓小平坚持锻炼，游泳的条件不具备，邓小平改为散步。每天坚持一万步，在去工厂的小道上行走大约五千步，在院子里也要走够五千步。毛毛曾经记述邓小平散步时，"围着小楼，他一步一步，一圈一圈地走着，走得很快，却很从容。他就是这样地走着，沉默地走着，一边走，一边思索。他不是在担忧眼前生活的艰难，更不是在考虑个人的政治机缘。他不断思索的，是几十年的革命画卷，是党和国家所走过的不平坦的道路，是胜利的辉煌，是惨痛的教训。他思索的，是过去，是现在，更是未来。"[12]

　　从邓小平的经历和态度中不难看出，乐观既是他的一种生存策略，也是一种生命境界。正是这种乐观的心态和品格帮助邓小平克服人生道路上的艰难险阻，铸就人生辉煌。他曾对意大利记者奥琳娜·法拉奇说道："我之所以能经受住如此多的打击，是因为我是一个乐观主义者，我从不失望，因为我知道，政治犹如大海的波浪，人在上面时而上，时而下。"〔13〕正是因为邓小平深谙其中的道理和规律，才能在困难面前保持乐观，并最终战胜困难。

3. 胸襟要宽广

胸襟是一个人的胸怀和气量的表达，宽广的胸襟是一个成功的政治家人格特点的重要内容。邓小平在《组成一个实行改革的有希望的领导集体》谈话中指出："我们组成的这个新的领导机构，眼界要非常宽阔，胸襟要非常宽阔，这是对我们第三代领导人最根本的要求。我们的第一代领导人前期是胸襟宽阔的，我们第二代基本上也是胸襟宽阔的。"〔14〕"眼界要非常宽阔"，"胸襟要非常宽阔"，这是成熟的领导者和领导班子应具备的基本条件，邓小平既是这样要求的，也是这样做的，他自己就是一个有着海一般宽广胸襟的政治家。在对待成绩和工作方面，他不夸大，不居功，不自傲；在对待失误方面，他不诿过，不回避，不掩饰；在对待毛泽东和毛泽东思想问题上，他更是不计个人恩怨，从国家稳定和社会发展的大局出发，做出了客观公正地评价和结论，这也是邓小平胸襟宽广的最突出的表现。

邓小平政治生涯中的三次沉浮起落，都与毛泽东有关，特别是1966年和1976年的两次"落"，都与毛泽东强调以阶级斗争为纲，领导和发动"文化大革命"的运动有直接的关系，可以说是被毛泽东直接和间接的错误打倒的。邓小平重新出来工作后，在如何对待毛泽东的问题上，当国内外很多人都认为邓小平完全有理由去批判毛泽东，"大陆批毛、势在必行"。但是，此时的邓小平却没有计较个人恩怨，完全不以个人的荣辱得失和自己的感觉来看待这个问题，表现出一个政治家的宽广胸怀和高瞻远瞩。他说：对毛泽东的评价，对毛泽东思想的评价，"这不只是个理论问题，尤其是个政治问题，是国际国内很大的政治问题。""党内外和国内国外都很关心，不但全党同志，而且各方面的朋友都在注意我们怎么说。"

1979 年，当国内出现资产阶级自由化思潮泛滥，有人打着"民主"、"人权"、"自由"的幌子否定毛泽东和毛泽东思想，国外也认为中国要走向"非毛化"的道路时，首先站出来维护毛泽东在中共党内的历史地位和毛泽东思想权威的正是邓小平。这是多么大度的胸襟！邓小平从社会主义的前途命运出发，从国内政治的稳定出发，以巨大的政治勇气、卓越的政治智慧，实事求是地对毛泽东和毛泽东思想做出了科学、客观的评价。邓小平曾在《人民日报》上发表署名文章，明确表示"中国现在所做的不是非毛化，而是非神化。"邓小平在区分毛泽东思想和毛泽东晚年错误的基础上，一方面，实事求是地批评和纠正毛泽东晚年的错误，认为"文化大革命"是一个全局性错误，毛泽东个人也是有责任的；另一方面，又旗帜鲜明地肯定毛泽东的历史地位，毛泽东是中国共产党和中华人民共和国的主要缔造者，"没有毛泽东，至少我们中国人民还要在黑暗中摸索更长的时间。"毛泽东的错误是第二位的，功绩是第一位的。毛泽东思想的旗帜不能丢，毛泽东思想过去是中国革命的旗帜，今后将永远是中国社会主义事业和反对霸权主义事业的旗帜，我们将永远高举毛泽东思想的旗帜前进。

邓小平在接受意大利记者法拉奇的采访时，针对"天安门上的毛主席像是否要永远地保留下去"的尖锐问题，他果断而干脆地回答：要永远保留下去。肯定不但要把毛主席的像永远挂在天安门前，作为国家的象征，还要把毛主席作为我们党和国家的缔造者来纪念，要坚持毛泽东思想。绝不会像赫鲁晓夫对待斯大林那样对待毛泽东。

邓小平的宽广胸襟不仅表现在他客观公正地评价了毛泽东犯的错误，而且坦承自己对错误也是有责任的，特别强调不能把错误的责任完全推到毛泽东一个人身上。邓小平多次指出:"讲错误,不应该只讲毛泽东同志,中央许多负责同志都有错误。……中央犯错误,不是一个人负责,是集体负责。""在这些问题要公正,不要造成一种假象,别的人都正确,只有一个人犯错误。这不符合事实。"1984 年,邓小平在会见日本首相中曾根康弘时,坦率而诚恳地说:"有些失误,我也有责任,……在'文化大革命'前,工作搞对的有我的份,搞错的也有我的份,不能把那时候的失误都归于毛主席。"[15]在回答意大利记者法拉奇"你对自己怎样评价"的问题时,邓小平说:"我自己能够对半开就不错了。但有一点可以讲,我一生问心无愧。你一定要记下我的话,我是犯了错误的,包括毛泽东同志犯的有些错误,我也有份,只是可以说,也是好心犯的错。不犯错误的人没有。不能把过去的错误都算成是毛主席一个人的。"[16]

邓小平在评价毛泽东问题上的这些真知灼见,澄清了某些人的错误认识,让人们对毛泽东的评价更加科学客观、恰如其分,有力地维护了毛泽东的历史地位和光辉形象,促进了国内政局的稳定,表现了一个真正共产党人的宽广胸襟。

除了对毛泽东的科学客观评价外,邓小平拥有宽广胸襟的另一个表现就是对自己的功过的认识,不居功,把取得的成绩和做出的贡献归功于党和人民,同时不诿过,主动挑担子,多做自我批评。

邓小平具有传奇色彩的一生,轰轰烈烈,不管是在革命战争年代还是在和平建设年代,都创造了巨大的成绩,做出了巨大的贡献。战争年代,不畏艰苦,戎马几十年,屡建奇功;建设时期,独辟蹊径,勇于探索,改革开放的实行和中国特色社会主义道路的选择,让中国经济获得腾飞。邓小平的成绩获得了国内外的一致肯定和高度评价。中国人对邓小平有政治家、革命家、军事家、战略家、总设计师等称谓,外国人称赞邓小平是继秦始皇、孔子和毛泽东之后的"中国历史第四人"。但是,对于自己的成绩和贡献，邓小平却不据为己有，也不突出自我。在中共七届四中全会上，邓小平做了《骄傲自满是团结的大敌》的发言，强调一个人不管负什么责任，在革命事业中只不过是一个螺丝钉。"我们所获得的成绩绝不能看作是一个人的，而是多数同志努力的结果，上有中央和上级，下有广大的干部和人民群众，还有同级，还有左邻右舍。我们绝不能贪天之功，将上级的正确领导，其他同志、其他各方面的努力，统统算在自己的身上。"〔17〕1984 年当中共中央做出经济体制改革的决定以后，外国报刊纷纷讲邓小平在其中所起的作用。此时，邓小平却提出不要宣扬自己的作用有多么了不起，认为自己有作用，出了一些主意，但是主要的工作，繁重的事情，都是其他同志做的。另外，在 1987 年会见南斯拉夫共产主义者联盟中央主席团委员科罗舍茨时，谈到乡镇企业的发展以及经济特区设立的问题，邓小平讲了自己做的分内工作，并不是一味把所有成绩归于个人名下。当美国记者华莱士问到为什么没有中国的公共场所悬挂邓小平的照片时，邓小平明确表示，个人是集体的一分子，任何事情都不是一个人做的出来的。同时也不赞成给自己写传。可见，邓小平是有功不居功的典范，他把自己的一切贡献都归功于党和人民。"永远不要过分突出我个人。……党的政策是集体制定的。"邓小平曾经告诉我们："作为一个为共产主义事业和国家的独立、统一、建设、改革事业奋斗了几十年的老党员和老公民，我的生命是属于党、属于国家的。"〔18〕

邓小平不居功让人赞叹，他不诿过更让人敬佩。他不愿讲自己的功，总是给别人讲自己的过，承认自己"多年来做了不少好事，但也做了一些错事"。在讲到"文化大革命"前中国共产党犯的一些错误时说："这个话我有资格讲，因为我就犯过错误。1957 年反右派，我们是积极分子，反右派扩大化我就有责任，我是总书记呀。1958 年大跃进，我们头脑也热，在座的老同志恐怕头脑热的也不少。……拿我来说，能够四六开，百分之

六十做的是好事，百分之四十不那么好，就够满意了，大部分好嘛。"〔19〕

邓小平不诿过，面对工作中的失误，主动承担责任，绝不马虎。抗日战争时期，邓小平立足太行，放眼全国，其战略思想受到人们的称赞，但是邓小平在1943年召开的中共中央太行分局高级干部会议上也坦然承认这一时期由于经济工作的疏忽而导致民生凋敝的失误。在社会主义建设时期，邓小平肯定改革开放的巨大成就的同时，也从不回避工作中的缺点和错误。1992年，邓小平在视察南方的谈话中指出："回过头看，我的一个大失误就是搞四个经济特区时没有加上上海。要不然，现在长江三角洲，整个长江流域，乃至全国改革开放的局面，都会不一样。"〔20〕

邓小平胸襟宽广，还表现在他的知人善任。在"文化大革命"后期，毛泽东发动"批邓、反击右倾翻案风"时，胡乔木写了揭发邓小平的长篇报告。邓小平复出工作以后，胡乔木面临很大压力。邓小平知道后，客观评价了胡乔木，肯定胡乔木是中国共产党内的第一支笔杆，但也有软弱的特点，并让胡乔木解除包袱，不要再把这事放在心上。邓小平对胡乔木的全面分析和充分肯定，他的豁达大度，知人善任，使胡乔木走出了逆境，重新焕发出创造的活力。

邓小平一生饱经磨难，几度沉浮，但他对功名利禄、个人荣辱得失看得很淡。他信念坚定、豁达乐观、临危不惧，能达观地对待个人命运，就是对身后事，他也早已安排。他嘱托家人：捐献角膜，解剖遗体供医学研究，不留骨灰，撒入大海。邓小平作为伟大的马克思主义者，把自己的一生毫无保留地奉献给了祖国和人民。

注　释

〔1〕　刘金田编:《邓小平的历程》(下)，解放军文艺出版社 1994 年版，第 284 页。

〔2〕　《邓小平文选》第 3 卷，人民出版社 1993 年版，第 173 页。

〔3〕　《邓小平文选》第 3 卷，人民出版社 1993 年版，第 271 页。

〔4〕　《邓小平文选》第 3 卷，人民出版社 1993 年版，第 137 页。

〔5〕　《邓小平文选》第 3 卷，人民出版社 1993 年版，第 382 页。

〔6〕　袁金辉:《邓小平人格》，江西人民出版社 2004 年版，第 86 页。

〔7〕　《邓小平文选》第 3 卷，人民出版社 1993 年版，第 228 页。

〔8〕　《邓小平文选》第 3 卷，人民出版社 1993 年版，第 320—321 页。

〔9〕　袁金辉:《邓小平人格》，江西人民出版社 2004 年版，第 87 页。

〔10〕　易文军、李树全:《邓小平之路》，人民出版社 2004 年版，第 52 页。

〔11〕　程桂芳、凌步机等:《邓小平小道》，中央文献出版社 2002 年版，第 75 页。

〔12〕　程桂芳、凌步机等:《邓小平小道》，中央文献出版社 2002 年版，第 50 页。

〔13〕　易文军、李树全:《邓小平之路》，人民出版社 2004 年版，第 347 页。

〔14〕　《邓小平文选》第 3 卷，人民出版社 1993 年版，第 299 页。

〔15〕　《邓小平文选》第 3 卷，人民出版社 1993 年版，第 54 页。

〔16〕　《邓小平文选》第 2 卷，人民出版社 1994 年版，第 353 页。

〔17〕　《邓小平文选》第 1 卷，人民出版社 1994 年版，第 203 页。

〔18〕　《邓小平文选》第 3 卷，人民出版社 1993 年版，第 323 页。

〔19〕　《邓小平文选》第 2 卷，人民出版社 1994 年版，第 277 页。

〔20〕　《邓小平文选》第 3 卷，人民出版社 1993 年版，第 376 页。

向 邓 小 平 学习
Xiang
Dengxiaoping
Xuexi

第八章

向邓小平学习大局观念

"不谋全局者，不足以谋一域，不谋万世者，不足以谋一时。"顾全大局，深谋远虑的重要性由此可见一斑。正确处理全局与局部、当前与长远的关系，应该是一个政治家具有的政治品格。邓小平在长期的革命实践和建设过程中，始终坚持从大局出发，从战略全局的高度去分析问题和处理问题。在革命问题上，对于中央的战略意图总能深刻领会并贯彻执行，自觉坚持局部服从整体，战术服从战略，为了大局和整体的利益，必要时牺牲局部利益，显示出了邓小平作为优秀的无产阶级革命家和战略家的气魄和胆识。在新中国成立后的和平建设时期，邓小平无论是在地方工作还是在中央工作，都始终坚持抓大局、抓大事的战略全局观。建立党和国家领导人退休制度，充分显示了邓小平的远见卓识和博大胸怀。

1. 打光了也要站住脚

革命战争年代，邓小平作为我军的一名高级将领，在革命实践中，着眼全局，大胆开拓，创造性地贯彻执行中央正确的战略方针和政策，提出了许多有谋略的战略见解，为中国共产党的革命事业做出了突出的贡献。邓小平远大的政治和战略眼光，充分显示了其高超的政治智慧。

1945 年，抗日战争的烽火刚刚停息，国民党、蒋介石就开始玩弄政治欺骗和军事进攻的两面策略，同人民抢夺革命的胜利果实。一方面，蒋介石放出"和平"烟幕弹，连续三次电邀中共中央主席毛泽东率代表团去重庆谈判，妄想以此来软化中共，诱其交出军队和解放区政权，同时欺骗公众舆论。另一方面，又积极准备内战，从大后方西南、西北调动大量军队，开进华北、华中、华南各个解放区，加紧完成对解放区的分割包围。谈判是假，内战是真。蒋介石为了达到消灭共产党，巩固大地主、大资产阶级的专制统治的目的，不断破坏重庆谈判。按照蒋介石的密令，国民党军第二战区司令长官阎锡山命令部队侵入解放军晋冀鲁豫根据地的腹地上党地区，占据了长治、长子、潞城、壶关、襄垣等城市，企图通过军事上的高压手段来逼迫中共谈判代表就范。为了揭露蒋介石的内战阴谋，赢得战略上和政治上的主动权，使重庆谈判能达到预期的目的，根据中央军委的指示，刘伯承和邓小平果断发动了上党战役。实际上，解放军这时的力量并不强，总共三万出头，但阎锡山进攻上党地区的军队有 3.8 万多人。从编制上来讲，解放军连一个完整的、编制充实的团都没有，并且装备差，弹药少，在临战前还没有指挥作战的将军，前线只有李达，但是为了全局，必须要打好上党战役。邓小平在对部队指战员作动员时讲：我们上党战役打得越好，歼灭敌人越彻底，毛主席就越安全，毛主席在谈判桌上就越有力量。并向参战将士发出命令："打好上党战役，支援毛泽东主席赴重庆谈判！"在邓小平、刘伯承的指挥下，经过攻城、围城打援、追歼逃敌几个阶段，收复了阎锡山部抢占的上党地区，全歼国民党军共 3.5 万人，取得了上党战役的胜利，巩固了中共在重庆谈判中的地位，促进了"双十协定"和停战协定的签订。

上党战役之后，为了阻止国民党军队沿平汉路进攻解放区，邓小平、刘伯承继续挥师东进，发起了平汉战役。平汉战役共毙伤国民党军 3000 余人，俘获副司令长官马法五以下 1.7 万余人，并争取了高树勋率新编第八军起义，取得了重大胜利。上党战役、平汉战役的胜利，给国民党以很大的打击，对全局有重大意义。它阻止了国民党军队沿平汉线北进的步伐，巩固了解放军晋冀鲁豫解放区的后方，对争取与国民党斗争中的有利形势，以及捍卫抗日战争的胜利成果有着全局性的意义。

在革命实践活动中，邓小平胸怀全局，从民族解放事业和中国共产党的事业的整体利益出发，来考虑问题、处理问题，一个突出的表现就是千里跃进大别山。1947 年，蒋介石进攻解放区的战略由全面进攻改为重点进攻陕北、山东解放区，晋冀鲁豫战场上的敌人兵力减少。形势的发展，让中共中央和中央军委做出了由战略防御转为战略反攻的决定，要求刘邓大军迅速直奔大别山。但是，此时的晋冀鲁豫野战军因连续作战，已经非常疲惫，急需休整。南渡后的作战让其损耗很大，伤亡约一万三千人，炮弹也消耗殆尽，新兵又没有来源。另外，跃进大别山还面临着要突破国民党 30 万大军的合围、脱离后方作战的困难以及要克服黄河、淮河及两大流域间一些主要河流的水情等困难。晋冀鲁豫野战军的现实状况，让迅速出兵大别山面临重重困难，这是一个特别艰苦的任务和困难的行动。但是，在得知"陕北情况甚为困难"的时候，邓小平和刘伯承从全局出发，把战略全局的利益放在第一位，分析了全国各战场的形势以及迅速挺进大别山对扭转全国战局的好处，毅然决定执行中央战略部署，带领全军跃进大别山。邓小平在全军连以上干部大会上作了顾全大局的动员报告："毛主席曾鼓励我们，只要走到了大别山就是胜利。这是为什么呢？因为我们插入了敌人的心脏，打中了敌人的要害。我们把大量的敌人吸引过来，压力很大；我们远离后方，困难多了；但是我们兄弟部队在其他战场上就轻松了，可以腾出手来打胜仗了。我们进军大别山，就像打篮球一样，蒋介石看我们到大别山来投篮了，要得分了，他就把前锋后卫调来跟着我们。这样，他顾了南就顾不了北。他不让我们在南面投篮，不惜用几十万大军缠着我们。可他北面的篮板就空出来了，我们的兄弟部队在北面就可以投篮得分了。"[1] 刘邓大军克服重重困难，硬是在几十万敌军的前堵后追中，杀出一条血路，跃进大别山，完成了中央军委的战略任务，实现了人民解放军的战略转变。对刘邓大军顾全大局、不辱使命，胜利完成向大别山进军的战略任务，日后毛泽东进行了高度评价。毛泽东说："二十年来，我们长期处于防御地位。自从刘、邓南征后，我们的革命战争，才在历史上第一次转入反攻。这是革命的进攻，说反攻不确切，因为反攻是带有防御意义的，不能完全概括这一形势的内容。"

"卧榻之房，岂容他人鼾睡！"刘邓大军进入大别山后，蒋介石立即调来重兵进行"围剿"。面对蒋介石对大别山的合击，刘邓决定分兵。邓小平以年轻身体好为由，留在了更艰苦、更危险的大别山，在重武器和弹药非常缺乏、生活中几日都不能吃一顿饱饭的极端困难情况下，依然顽强地同敌人进行周旋和斗争。面对大别山的困难，邓小平曾讲过："我们在大别山困难多，是在'啃骨头'。但是其他战场上，我们的兄弟部队开始'吃肉'了。我们背上的敌人越多，我们啃的'骨头'越硬，兄弟部队在各大战场上消灭的敌人就越多，胜利就越大。而各大战场的胜利，反过来也可以支援我们，减轻我们的压力。"[2] 面对大别山斗争的严峻形势，邓小平没有屈服，没有要求兄弟部队的支援，并且支持兄弟部队好好休整，多打胜仗。邓小平是咬着牙也要坚持在大别山站住脚，因为，只有站住了，才能改变战略形势，才能由防御转变为进攻，由内线转到外线；站住了，才能取得战略主动，才能服务于全局的胜利。邓小平顾全大局，勇挑重担，面对困难，毫不退缩，显示了其高瞻远瞩的领导艺术以及博大的胸怀和气度。没有高度的战略全局意识，是不可能胜利完成向大别山进军的战略任务的。

邓小平胸怀全局，为了全局和整体的利益，敢于牺牲局部利益。在淮海战役的整个过程中，邓小平高瞻远瞩，运筹帷幄，指挥若定，表现出来高超的指挥艺术。特别是在淮海战役的第二阶段战役目标的选择问题上，以邓小平为书记的总前委常委——刘伯承、陈毅、邓小平向中央军委提出了歼击黄维兵团的策略，因为黄维兵团骄横胆大，孤军深入，而且处于远道疲惫，远离后方的运动之中，这是歼击黄维兵团的大好时机，只要黄维兵团全部或大部被歼灭，比歼灭李延年和刘汝明的兵力更有利。中央军委完全同意先打黄维。这样，以中野为主，由华野配合，先打南线黄维兵团的方针就确立下来。这个方针也是一个在统观全局的情况下做出的正确决策。

歼灭黄维兵团的作战，关系到整个淮海战役的进程，对解放全中原也是有重要作用的。但是，邓小平也认识到，对黄维兵团的作战，是一场硬仗，一场恶仗。从黄维兵团与中野的力量对比来看，两者的差距是很明显的。黄维兵团是蒋介石的嫡系精锐部队，号称"攻如猛虎，守如泰山，静如处子，动如脱兔"，兵力是 12 万。特别是其第十八军，更是国民党军队的主力之一，训练严格，讲究战术。另外，黄维兵团的装备精良，整个兵团拥有美械装备的坦克、重炮、自动步枪等，武器先进，机动性强。与之相比，中野七个纵队也是 12 万人，但是，经过大别山斗争的消耗以及部分兵力的留置，兵员装备一直没有得到很好的补充。从武器装备上来看，除了几十门野炮、山炮、步兵炮和 200 门迫击炮外，基本武器就是轻重机枪、步马枪和手榴弹，而且弹药不足。在实力对比上，解放军明显处于劣势的情况下，吃掉黄维兵团面临很多的困难。

邓小平对这种情况非常清楚，在战前各纵队领导干部会议上，邓小平诙谐地说："消灭黄维兵团，对中原野战军来说，犹如'瘦狗屙硬屎'"。但是，为了全国胜利的大局，这场恶仗必须要打，必须要啃下来这块最硬、最难啃的骨头，因此，这就需要拿出点倾家荡产的气魄。邓小平坚定地把歼灭黄维兵团的决心和魄力以及作战部署传达给广大指战员，并告诉大家要不惜一切代价，在华野的协同下，消灭黄维兵团，坚决贯彻党中央和毛主席关于歼敌重兵集团于淮河以北的指示。要发扬千里跃进大别山的顽强精神，服从大局，不怕困难，不怕牺牲，以"破釜沉舟"的精神，打好中原作战的最后一个硬仗。邓小平告诉中野部队："只要消灭了南线的敌军主力，中野就是打光了，全国各路解放军还是可以取得全国的胜利，这代价是值得的！"[3] 在邓小平的周密部署和热情鼓舞下，中原野战军全体指战员的战斗意志被激励出来。他们不怕困难，不怕牺牲，最终取得了战争的胜利，创造了中野战争史上的光辉战例。淮海战役，是三大战役中唯一一场解放军在总兵力上少于敌军的情况下进行的。66 天激战，解放军 60 万取得了战胜了敌军 80 万的胜利。斯大林听到这个消息后，赞叹为奇迹。毛泽东则非常幽默地打了个比喻：一锅没有煮熟的夹生饭，硬是被你们一口一口地吃下去了。在淮海战役中，邓小平作为无产阶级军事家、战略家的超凡的胆识以及战略全局观，得到了充分的展示。

2. 发展要有两个大局

邓小平的大局观念，不仅体现在革命战争年代的军事战略方面，在和平时期的社会主义建设过程中，邓小平无论是主政地方，还是任职中央，都时时处处从大局出发，胸怀全局，高屋建瓴地抓关键问题，显示出了一个伟大政治家的胸怀和远见。

在社会主义建设时期，邓小平的大局观念的一个重要内涵就是国民经济发展的大局。

早在 1975 年，邓小平在领导整顿过程中，就提出，全党要讲大局，把国民经济搞上去。国家的发展，关键在于生产力的发展和经济实力的增强，因此，应该抓住经济建设不放松。邓小平在当时的决策过程中，正是因为抓住了经济建设这个大局，才使中国在"文化大革命"中遭到严重破坏的国民经济得到迅速的恢复。1975 年，邓小平在一次会议上进一步强调："现在有一个大局，全党要多讲。大局是什么？三届人大一次会议和四届人大一次会议的政府工作报告，都讲了发展我国国民经济的两步设想：第一步到一九八〇年，建成一个独立的比较完整的工业体系和国民经济体系；第二步到二十世纪末，也就是说，从现在算起还有二十五年时间，把我国建设成为具有现代农业、现代工业、现代国防和现代科学技术的社会主义强国。全党全国都要为实现这个伟大目标而奋斗。这就是大局。"[4]为了这个大局的实现，为了把经济建设搞上去，必须动员所有的力量来维护这个大局，顾全这个大局。

中共十一届三中全会实现了党的历史上的伟大转折，做出了把党的工作重点转移到社会主义现代化建设上来和实行改革开放的战略决策，这使邓小平抓国民经济建设的大局观更加明确。在 1984 年和 1985 年的中央军委会议上的讲话中，邓小平一再强调经济建设的大局问题。"大家都要从大局出发，照顾大局，千方百计使我们国家经济发展起来。发展起来就好办了。大局好起来了，国力大大增强了，再搞一点原子弹、导弹，更新一些装备，空中的也好，海上的也好，陆上的也好，到那个时候就容易了。"[5]"先把经济搞上去，一切都好办。现在就是要硬着头皮把经济搞上去，就这么一个大局，一切都要服从这个大局。"[6]为了经济建设大局的实现，需要全国各地区、各行业、各部门都配合这个大局，在大局下行动。教育要为解决建设服务，科技要为经济建设服务，国防也要为经济建设服务，党政军民要一心一意服从经济建设的大局。

改革开放后，服务于国民经济建设的大局，邓小平把发展生产力作为首要的任务，提出了"三步走"的战略步骤。1988年，邓小平又从人民共同富裕、区域经济协调发展的目标出发提出了"两个大局"的战略构想。沿海和内地是事关经济发展的两个大局。"沿海地区要加快对外开放，使这个拥有两亿人口的广大地带较快地先发展起来，从而带动内地更好地发展，这是一个事关大局的问题。内地要顾全这个大局。反过来，发展到一定的时候，又要求沿海拿出更多力量来帮助内地发展，这也是个大局，那时沿海也要服从这个大局。"[7]邓小平"两个大局"的战略思想，是对经济建设的战略布局的思考和规划，其内涵包括三个方面：一是东部沿海地区率先发展是一个大局；二是适当时机加快内地发展又是一个大局；三是"两个大局"构想的根本目标就是实现共同富裕。发展要有两个大局，这一思想是邓小平经济发展战略的重要组成部分，是在研究经济发展规律和总结中国经济建设的经验教训的基础上形成的。

经济发展规律显示，社会经济的发展从来都不是均衡的。绝对的均衡只能导致严重的失衡，从而给国民经济发展带来严重损失。经济的发展应该是在平衡与不平衡的矛盾运动中波浪式前进的，在这一过程中，平衡是相对的，不平衡是绝对的。在中国，发展不平衡的特点更加突出。中国是世界上自然地理、人口资源、经济发展和社会发展差距最大的国家之一，人口众多、地域广阔、发展极不平衡的基本国情决定了中国的发展不可能是所有地区都同步进行，客观现实要求我们必须注重运用非均衡发展规律，形成梯次有序的发展层次，寻优推移，分步推进社会经济的发展进程。

改革开放之前，中国经济发展追求的理念是均衡发展、生产力布局均衡，这对于改变经济发展的格局有一定积极作用，但是，由于受到"一大二公"和平均主义原则的影响，过于追求维护体制和分配格局上的绝对平衡，加之现实中不切实际地追求过高的经济增长速度，结果造成了国民经济的严重损失。邓小平总结这些教训，认识到过去搞平均主义，吃"大锅饭"，其结果是"共同落后、共同贫困"因此，"要让一部分地方先富裕起来，搞平均主义不行。"要想获得经济的增长，必须实现经济发展从"均衡发展"向"非均衡发展"的转变。在 1978 年中央工作会议的闭幕式讲话中，邓小平提出："在经济政策上，我认为要允许一部分地区、一部分企业、一部分工人农民，由于辛勤努力成绩大而收入先多一些，生活先好起来。一部分人的生活先好起来，就必然产生极大的示范力量，影响左邻右舍，带动其他地区、其他单位的人们向他们学习。这样，就会使整个国民经济不断地波浪式地向前发展，使全国各族人民都能比较快地富裕起来。"[8] 这可以说是邓小平非均衡发展思想的一个开始。邓小平作为创办经济特区的总设计师，1979 年开始提出创办经济特区，并在深圳加以实施，在《中共中央、国务院批转广东省委、福建省委关于对外活动实行特殊政策和灵活措施的两个报告》中指出：中央决定，对两省对外经济活动实行特殊政策和灵活措施，给地方以更多的主动权，使之发挥优势条件，抓紧当前有利的国际形势，先走一步，把经济搞上去。这是非均衡发展的进一步体现。随着经济特区的深入发展，中共中央又做出了开放沿海开放城市的决定，这些政策的实施有力地推进了东部地区的经济发展。在总结实践经验的基础上，邓小平提出把加快东部沿海地区经济发展，同时带动内地发展提升到国民经济发展大局的高度来对待，形成了发展的"两个大局"思想。

发展要有两个大局，沿海是一个大局，东部沿海地区要率先发展起来。东部中西部地区相比，有着得天独厚的优越地理位置和便利的交通运输设施，在设备、技术、人才、信息等方面也有优势，而且原有经济发展水平较高，经济技术基础较雄厚，这些已有的优势条件加上国家在政策上扶持的后天优势，使得东部沿海地区能够比较快速地发展起来。因此，东部沿海地区要抓住机遇，加快发展，要充分利用各种条件，特别是利用改革开放的好政策和自身有利的区位条件，积极引进资金和技术，发展外向型经济，实现跨越式发展，率先实现现代化。"比如广东，要上几个台阶，力争用二十年的时间赶上亚洲'四小龙'。比如江苏等发展比较好的地区，就应该比全国平均速度快。又比如上海，目前完全有条件搞得更快一点。"[9] 东部沿海地区先富快富，可以打下国民经济发展的基础，并尽快增强整个国民经济的实力，也才能更好地带动与支持内地中西部地区的经济发展，逐步缩小不同地区的经济发展差距，使全国所有的地区都摆脱贫穷，走向共同富裕。

内地是发展的第二个大局。在国家整体实力达到一定程度后，沿海也要帮助和支持中西部地区的发展。沿海要服从这个大局。而且，先富裕起来的沿海地区有这个义务。邓小平明确指出："我们的政策是让一部分人、一部分地区先富起来，以带动和帮助落后的地区，先进地区帮助落后地区是一个义务。"[10] 只有把帮助落后地区、帮助内部中西部地区作为责任和义务，带动内地中西部地区加快开发与发展，才能实现不同区域经济的共同发展，走向共同富裕。关于帮助中西部地区发展的时机选择，邓小平讲："什么时候突出地提出和解决这个问题，在什么基础上提出和解决这个问题，要研究。可以设想，在本世纪末达到小康水平的时候，就要突出地提出和解决这个问题。"[11] 因为，到 20 世纪末，中国经济发展的第二步战略目标已经实现，整个国家的经济基础会更加雄厚，东部沿海地区的经济发展让其实力大增，使其有基础、有能力对中西部地区的发展提供更大的支持，实现帮助内地发展的规划。

加快中西部地区的发展意义，邓小平多次从全局和整体的高度从不同角度作出论述。邓小平认为，沿海地区的先富快富，能带动全国的共同发展，增强整个国家经济的实力，是实现共同富裕的重要的第一步。但是，全国发展一盘棋，如果没有中西部地区的小康，就没有全国的小康，没有内地中西部地区的现代化，就没有全国的现代化。因此，必须在东部沿海地区较快发展，缩小中国与其他国家差距的基础上，加快中西部地区的开发和发展，逐步缩小地区发展差距，促进中国区域经济的协调发展，并最终实现社会主义共同富裕的目标。另外，邓小平认为，加快中西部地区发展还是加强民族团结和巩固国防的要求。西部地区地处边疆，与 14 个国家接壤，加快中西部地区的发展是保持整个国家政治稳定和社会稳定的要求。

为实现中西部地区发展的大局，邓小平提出了一系列东部沿海地区帮助和支持内地中西部地区经济发展的具体途径和方式。早在 1983 年，邓小平就肯定了搞经济协作区的办法，认为东部与西部要建立经济协作区，通过经济协作与联合的方式，帮助中西部地区进行开发的方式。1990 年，邓小平又提出了东部对西部进行对口支援、包省发展、技术转让的方法。"沿海如何帮助内地，这是一个大问题。可以由沿海一个省包内地一个省或两个省，也不要一下子负担太重，开始时可以做某些技术转让。"[12] 1992 年南方谈话中，邓小平进一步明确了发达地区多交利税、通过财政转移支付支持不发达地区发展的办法。邓小平在要求沿海支持内地发展的同时，也强调，对内地的支持不能削弱发达地区的活力，沿海地区要继续发展。只有在继续发展的前提下大力支持沿海才是真正地服从大局。

发展要有两个大局思想的目标指向是共同富裕，这也是邓小平大局观念的一个体现。避免两极分化，走共同富裕的道路，是邓小平一贯坚持的原则。"两个大局"的思想的理论基础就是允许部分先富、先富带后富、逐步实现共同富裕的经济发展理论，其最终指向是共同富裕。

在谈到社会主义与资本主义的区别时，邓小平指出："社会主义与资本主义不同的特点就是共同富裕，不搞两极分化。"[13]"社会主义的目的就是要全国人民共同富裕，不是两极分化。如果我们的政策导致两极分化，我们就失败了；如果产生了什么新的资产阶级，那我们就真是走了邪路了。"[14]邓小平明确表示，自己的一贯主张就是让一部分人、一部分地区先富起来，大原则是共同富裕。在分析社会主义本质的时候，邓小平也明确表示"社会主义最大的优越性就是共同富裕，这是体现社会主义本质的一个东西。"1992年在南方谈话中，邓小平进一步强调："社会主义的本质，是解放生产力，发展生产力，消灭剥削，消除两极分化，最终达到共同富裕。"[15]邓小平主张沿海地区先发展，这是使全国所有的地区都摆脱贫穷走向共同富裕的一个基础。沿海发展了，整个国家的经济实力增强了，就有条件更好地带动与支持内地的经济发展，缩小区域发展差距，走向共同富裕。沿海地方发展起来后，必须帮助内陆地区的发展，要避免两极分化，邓小平突出强调要坚持共同富裕目标，因为社会主义不是少数人富起来、大多数人穷，不是那个样子。社会主义最大优越性就是共同富裕。可见，邓小平"两个大局"思想的本质是实现区域经济协调发展，即通过先发展起来的地区带动后发展起来的地区，最终实现共同富裕。

邓小平"两个大局"的思想是站在时代高度"总揽全局"，针对中国的特殊国情以及区域经济发展不平衡的突出特点，遵循经济发展的趋势和规律而提出的，其出发点是为了实现区域经济的协调发展，落脚点在于共同富裕的实现，这都明显地体现出来邓小平顾全大局的观念，全局观念构成了邓小平"两个大局"思想的基础。可以说，没有高屋建瓴的大局观，也不可能有"两个大局"思想的产生。

3. 带头搞退休

人们对于一位政治家的评论，往往更加注重其在位时的领导水平和能力。但邓小平身体力行地做出退休决定，主动让贤，废除干部领导职务终身制，这是邓小平在晚年为中国共产党和人民的事业再一次作出的巨大贡献，正如邓小平说的"我最后的作用是带头建立退休制度"，充分体现了他高瞻远瞩、胸怀大局的胆略和气魄。他的完全引退，在中国、乃至全世界都引起了震动，为自己的政治生涯增添了辉煌的一笔。中共十三大闭幕后的第五天，美国广播公司电视台便推选邓小平为本周的世界风云人物，认为"本周世界上引人注目的是中国领导人邓小平在中共代表大会上引退。"泰国的一家报纸认为邓小平退出中央委员会，"给世界共产主义留下了印记"。

邓小平主动退休，不是为了个人，而是为废除中国共产党和国家干部的领导职务终身制，建立退休制度，树立一个示范和带头作用。邓小平认为，要实现新老干部的交替，就要有步骤地和稳妥地实行干部离休退休的制度，废除实际上存在的干部领导职务的终身制。在他眼里，干部领导职务的终身制有很多弊端："干部缺少正常的录用、奖惩、退休、退职、淘汰办法，反正工作好坏都是铁饭碗，能进不能出，能上不能下。这些情况，必然造成机构臃肿，层次多，副职多，闲职多，而机构臃肿又必然促成官僚主义的发展。因此，必须从根本上改变这些制度。"[16] 1989 年 9 月 4 日，江泽民等几位中央领导乘车来到邓小平的住处，邓小平和来人一一握过手后，开门见山地说："今天主要是商量我退休的时间和方式。"几位中央负责同志想开口挽留，但邓小平挥了下手说："退休是定了，退了很有益处。"语气斩钉截铁，毋庸质疑。

早在 1980 年邓小平就提出，要改革党和国家的领导制度，坚持集体领导，反对权力过分集中，主张废除干部领导职务终身制，建立退休制度。面对 20 世纪 80 年代初改革开放和四个现代化建设事业的繁重任务，邓小平敏锐地认识到，顺利完成新老干部交替是从组织上保证改革开放政策的连续性和国家长治久安的重大战略措施，新老交替的关键是要解决老同志占着位子的问题。但考虑到新老干部交替的循序渐进和平稳过渡，邓小平提出采取设立"顾问委员会"的过渡办法，来解决干部队伍严重老化、力不从心和因无位子年轻干部上不来的突出矛盾。顾问不任现职，这样就可以把位子让给能干四化的年轻人。顾问又是一种职务，而且它的级别不低于同级党委成员，让老同志把自己的椅子移到这种地方，工作比较好做。当然，顾问的头衔不单是起安慰作用，还有"传、帮、带"的责任。邓小平的这一层谋略用意很深。因为当时的中国领导班子不仅存在老化问题，还存在断层问题。"文革"影响了一代人，在这种情况下，老同志一下子将工作丢开不管也不行，必须在离开前选好接班人，并把他们放到领导岗位上加以扶植。接班人在一线顶事，老同志则利用他们的经验在二线上做参谋，必要时指导指导，发现选的人不适当就换人。到时年轻人成熟了，老同志放心了，顾问制自动取消，终身制到此为止，过渡到常规退休制，新老交替顺利完成。

邓小平采用"顾问委员会"的办法，让大批老干部退居二线当顾问，把第一线的位子腾给年轻人。同时，邓小平也认为，"顾问委员会"只是在特殊情况下采取的一种临时性措施，要从根本上解决问题，就必须建立稳定的退休制度。中共十二大上，邓小平出任过渡形式的中央顾问委员会主任，其用意是为退休做铺垫。会上，邓小平就中顾委的性质和任务作了重要讲话。认为中央顾问委员会是个新东西，是根据中国共产党的实际情况成立的，是解决我们这个老党、老人实现新旧交替的一种组织形式。目的是使中央委员会年轻化，同时让老同志退出一线后继续发挥一定的作用，顾问委员会就是这样一个组织。可以设想，我们再经过 10 年，最多不要超过 15 年，取消这个顾问委员会。

基于这种认识，之后邓小平率先垂范，曾几次恳切地表达了退休愿望。1987 年中共十三大召开前，邓小平、陈云、李先念等人共同约定一齐退下来，而且是一退到底，即退出中央委员会，不再担任任何职务。对于邓小平、陈云、李先念"全退"的要求，尤其是对邓小平"全退"的要求，中央许多人特别是老同志表示不能接受。中共中央反复考虑各方意见后，在中共第十三次全国代表大会上，决定同意他不进入新的中央政治局及其常委会，留任中央军委主席的职务。十三届四中全会产生了以江泽民为核心的党中央第三代领导集体，他们励精图治，奋发图强，制定了一系列深得人民拥护的重大决策，成绩也有目共睹。在这种情况下，邓小平决定完全引退，把历史重任交给党中央第三代领导集体。

邓小平坚定不移地决定退休，充分考虑到国家的安全和稳定的大局。1988 年 9 月，邓小平对来访的外宾说："我有一个观点，如果一个党、一个国家把希望寄托在一两个人的威望上，并不很健康。那样，只要这个人一有变动，就会出现不稳定。"[17] 1989 年 6 月，在党中央第三代领导集体即将产生时，邓小平又指出："新的领导一经建立有秩序的工作以后，我就不再过问、不再干预大家的事情。……我不希望在新的政治局、新的常委会产生以后再宣布我起一个什么样的作用。为什么这样？这不是因为我谦虚或别的什么。现在看起来，我的分量太重，对国家和党不利，有一天就会很危险。国际上好多国家把对华政策放在我是不是病倒了或者死去了上面。我多年来就意识到这个问题。一个国家的命运建立在一两个人的声望上面，是很不健康的，是很危险的。不出事没问题，一出事就不可收拾。……主要是大局的问题，如果个人的因素影响到局势的稳定，影响到事情的健康发展，解决起来就会发生困难。"[18]显然，邓小平本人已经看到因个人威望而带来的消极因素苗头。因此，邓小平在决定自己退休的问题上，向几位中央负责同志解释了自己的想法："如果不退休，在工作岗位上去世，世界上会引起什么反响很难讲。如果我退休了，确实不做事，人又还在，就还能起一点作用。因为在国际上了解我这个人的不少，从某种程度上讲，这是影响他们同中国的关系的因素之一。这是没有办法的事情。考虑到中国的安全，现在退比发生了事情退或者在职位上去世有利。"[19]邓小平深信，身体健康时退休，不仅能实现平稳交班，更重要的还有利于国家安全和政治稳定。这种判断和做法，充分体现了邓小平敏锐的洞察力和高瞻远瞩的大局观。

邓小平说到做到，模范带头。他从自己退休这个具体问题入手，解决了党和国家领导人职务终身制的问题。对此，邓小平1989在同中央几位负责同志作政治交代时说过："我过去多次讲，可能我最后的作用是带头建立退休制度。我已经慢慢练习如何过退休生活，工作了几十年，完全脱离开总有个过程。下次党代表大会不搞顾问委员会了，还是搞退休制度。我退休的时间是不是就确定在五中全会。犹豫了这么几年了，已经耽误了。人老有老的长处，也有老的弱点。人一老，不知哪一天脑筋就不行了，体力到一定程度也要衰退。自然规律是不可改变的，领导层更新也是不断的。退休成为一种制度，领导层变更调动也就比较容易。"[20]邓小平对自己全退的要求，也再次强调了顾问委员会只是为建立退休制度而采取的过渡性措施，其历史任务已完成，就可以退出历史舞台，从而建立正常的退休制度。

邓小平对自己退休方式的要求是简单的，为中国共产党全党树了标杆、做了榜样。关于退休的方式，邓小平反复考虑过，就是"越简单越好，不要形成个惯例，对退的人都歌功颂德一番，那实在没有必要。你一生是什么样子，你在党内搞了几十年，人们都是看到的，有个客观评价。我反复考虑，简化可能比较有利，而且从我开始简化更有利。来个干净、利落、朴素的方式，就是中央批准我的请求，说几句话。"[21]同时，他又诚恳地嘱咐："我退休方式要简化，死后丧事也要简化，拜托你们了。"这是一名共产党员表现出来的谦虚与大度，这也是一名共产党员高风亮节和胸怀大局的品质体现。

邓小平从党和国家的利益出发，在自己身体还健康的时候辞去现任职务，实现了他多年来一再提出的从领导岗位上退下来的夙愿，表现出了一个伟大的无产阶级革命家的广阔胸怀。1989 年 9 月 4 日当天，邓小平郑重地向党中央递交了辞职信，提出恳请党中央批准他辞去中央军委主席的请求，同时信中表示"我的生命是属于党、属于国家的。退下来以后，我将继续忠于党和国家的事业。"[22]这封不足七百字的辞职信，字里行间无不体现着这位老党员、老公民对党、对国家、对人民的赤诚之心。11月 9 日，中共十三届五中全会经过认真讨论，通过表决接受了邓小平辞去中央军委主席职务的请求。消息传来，一直在家等候的邓小平即刻驱车前往会场，来到同志们中间，激动地表示："感谢同志们对我的理解和支持，全会接受我退休的请求。衷心感谢全会，衷心感谢同志们。"

人总是会从工作岗位上退下来的。但邓小平的退休，是着眼长远，着眼大局，是为了更好地推进中国的改革开放和社会主义现代化建设事业，为了中国的长治久安，为了社会主义事业的千秋大业。他的退休过程，直接推动了中国退休制度的建立和实施，打破了国家干部领导职务的终身制，有利于克服官僚主义、家长制、个人崇拜，有利于年轻干部的成长，

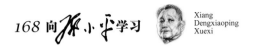
保持党的干部队伍和国家的生气和活力。这是邓小平晚年作出的又一杰出贡献。

注　释

〔1〕　邓榕：《我的父亲邓小平》，生活·读书·新知三联书店 2013 年版，第 569 页。

〔2〕　邓榕：《我的父亲邓小平》，生活·读书·新知三联书店 2013 年版，第 569 页。

〔3〕　邓榕：《我的父亲邓小平》，生活·读书·新知三联书店 2013 年版，第 600 页。

〔4〕　《邓小平文选》第 2 卷，人民出版社 1994 年版，第 4 页。

〔5〕　《邓小平文选》第 3 卷，人民出版社 1993 年版，第 99—100 页。

〔6〕　《邓小平文选》第 3 卷，人民出版社 1993 年版，第 129 页。

〔7〕　《邓小平文选》第 3 卷，人民出版社 1993 年版，第 277—278 页。

〔8〕　《邓小平文选》第 2 卷，人民出版社 1994 年版，第 152 页。

〔9〕　《邓小平文选》第 3 卷，人民出版社 1993 年版，第 375 页。

〔10〕　《邓小平文选》第 3 卷，人民出版社 1993 年版，第 155 页。

〔11〕　《邓小平文选》第 3 卷，人民出版社 1993 年版，第 374 页。

〔12〕　《邓小平文选》第 3 卷，人民出版社 1993 年版，第 364 页。

〔13〕　《邓小平文选》第 3 卷，人民出版社 1993 年版，第 123 页。

〔14〕　《邓小平文选》第 3 卷，人民出版社 1993 年版，第 111 页。

〔15〕　《邓小平文选》第 3 卷，人民出版社 1993 年版，第 373 页。

〔16〕　《邓小平文选》第 2 卷，人民出版社 1994 年版，第 328 页。

〔17〕　《邓小平文选》第 3 卷，人民出版社 1993 年版，第 272 页。

〔18〕　《邓小平文选》第 3 卷，人民出版社 1993 年版，第 310—311 页。

〔19〕　《邓小平文选》第 3 卷，人民出版社 1993 年版，第 315 页。

〔20〕　《邓小平文选》第 3 卷，人民出版社 1993 年版，第 316 页。

〔21〕　《邓小平文选》第 3 卷，人民出版社 1993 年版，第 316—317 页。

〔22〕　《邓小平文选》第 3 卷，人民出版社 1993 年版，第 323 页。

第九章

向邓小平学习战略思维

　　1966 年 5 月 5 日，毛泽东在上海会见阿尔巴尼亚党政代表团时，特地向他们介绍邓小平说："你看他人这么小，可是打南京是他统率的。打南京是两个野战军，差不多 100 万军队。"就在攻打南京的渡江战役之前，邓小平刚刚领导了三大战役中规模最大的淮海战役。中共中央和毛泽东的器重，足见邓小平堪当大任。而他能够出色地完成任务，关键在于他的战略思维，可以高瞻远瞩、统揽全局。建设和改革时期亦是如此。对此，习近平在纪念邓小平诞辰 110 周年座谈会上的讲话中指出："邓小平同志思想敏锐、目光远大，多谋善断、举要驭繁，总是站在国内大局和国际大局相互联系的高度审视中国和世界的发展，善于从全局上思考问题，善于在关键时刻作出战略决策。"[1]

1. 抓紧培养接班人

1982 年 9 月 13 日，中共十二大闭幕后的第二天，人民大会堂新疆厅举行了一个载入共产党史册的特别仪式。当天下午四时三十分，邓小平、陈云等中央领导与出席十二大的全体代表合影留念后，兴高采烈地来到这里，专门接见新当选的 39 位年轻中央委员和候补中央委员。当他们依次步入大厅时，中央组织部的同志一一唱名，向邓小平等介绍有关情况。

看到这些德才兼备、年富力强的中青年干部，邓小平心头的一块石头落了地。他不会忘记七年前的 1975 年 2 月，由于周恩来总理重病，自己主持中央和国务院日常工作时，刚满 40 岁的中央副主席王洪文恼羞成怒地放出一句狠话："十年后再看。"这一年，邓小平已经 71 岁。十年后，他 81 岁，王洪文只有 50 岁。这无疑是摆在眼前的挑战。从此，选拔、培养优秀的接班人，就成为邓小平高度关注的重大问题。他指出："认真选好接班人，这是一个战略问题，是关系到我们党和国家长远利益的大问题。"[2]

如果我们的眼光放得更远一些，邓小平早在 1956 年 9 月中共八大上，就严肃地批评了以资格选拔干部的错误倾向，并高瞻远瞩地指出："为了适应党和人民的事业的突飞猛进的发展，党的重要任务之一，就是要大量地培养和提拔新的干部，帮助他们熟悉工作，帮助他们同老干部建立团结一致、互相学习的同志关系。"[3] 1964 年 1 月 11 日，他在全军政治工作会议上进一步明确提出了干部年轻化和接班人问题。他说："干部年轻化问题，是一个全国性的问题，带有方针性质的问题。干部中经常要有新的

血液，要有新的接班人，要让比较年轻一点的、政治思想好的共产主义者来接班。"〔4〕

粉碎"四人帮"的头两年，主要任务是进行政治上和思想上的拨乱反正，组织路线问题还没有条件提上议事日程。即便如此，邓小平也没有忘记就接班人问题频频向党内老同志打招呼。1977 年 12 月 28 日，刚刚复出的邓小平在出席中共中央军委全体会议上提醒："现在我们的领导干部年龄都比较大了，五年以后，五十岁以下的人，打过仗的就很少了。所以，我们这些老同志，要认真选好接班人，抓紧搞好传帮带。"〔5〕1978 年 6 月 2 日，在全军政治工作会议上，邓小平又谈到接班人问题："我们老同志在这个问题上，眼光要放得远一些。"〔6〕"选好接班人，带好接班人。这件事做好了，我们才有资格去见马克思，见毛主席，见周总理。"〔7〕

中共十一届三中全会重新恢复实事求是思想路线，并确立了以社会主义四个现代化建设为工作重心的新的政治路线。选拔大批的中青年干部进入领导岗位显得更为急迫，解决组织路线的问题已提到重要的议事日程上来。邓小平在中国共产党的重要会议上反复强调全党要高度重视选拔、培养党和国家各级领导的接班人，认为"解决组织路线问题，最大的问题，也是最难、最迫切的问题，是选好接班人。"〔8〕1979 年 7 月 21 日在同彭冲、严佑民、王一平、钟民、赵行志、夏征农等谈话中指出："大问题是接班问题，任何地方、任何部门都有这个问题。现在就要有意识地选一些比较年轻的人，这是党的战略任务、根本任务。从现在着手，三年内的任务是选好一、二、三把手。"〔9〕7 月 29 日，邓小平在接见中共海军常委会扩大会议的全体代表时说："党的思想路线和政治路线，尽管有人不通，但总是已经确立了。现在我们还没有解决的问题是什么呢？是组织路线问题。这是一个很重要的问题。政治路线确立了，要由人来具体地贯彻执行。由什么样的人来执行，是由赞成党的政治路线的人，还是由不赞成的人，或者是由持中间态度的人来执行，结果不一样。这就提出了一个要什么人来接班的问题。……一九七五年我主持中央工作，王洪文就说，十年后再看。现在也有十年后再看的问题。我们对林彪、"四人帮"的影响不能低估，不能想得太天真了。要想得远一点。一定要趁着我们在的时候挑选好接班人，把那些表现好的同志用起来，培养几年，亲自看他们成长起来。选不准的，还可以换嘛。解决组织路线问题，最大的问题，也是最难、最迫切的问题，是选好接班人。……组织路线是保证政治路线贯彻落实的。解决组织路线问题已经提到我们议事日程上来了。这个问题解决不了，我们见不了马克思。老同志在，问题比较好解决，如果我们不在了问题还没有解决，就要天下大乱。……中国的稳定，四个现代化的实现，要有正确的组织路线来保证，要有真正坚持马克思列宁主义、毛泽东思想和党性强的人来接班才能保证。"〔10〕

1979 年 11 月 2 日，在中共中央党、政、军机关副部长以上干部会上指出："把老同志请回来是完全必要的，是非常正确的。我们老同志的经验是丰富的，但是在精力这个问题上应该有自知之明。……这是自然规律，没有办法。现在我们面临的问题，是缺少一批年富力强的、有专业知识的干部。而没有这样一批干部，四个现代化就搞不起来。我们老同志要清醒地看到，选拔接班人这件事情不能拖。否则，搞四个现代化就会变成一句空话。我们一定要认识到，认真选好接班人，这是一个战略问题，是关系到我们党和国家长远利益的大问题。如果我们在三几年内不解决好这个问题，十年后不晓得会出什么事。要忧国、忧民、忧党啊！要看到这是个带根本性质的问题。我们有正确的思想路线，有正确的政治路线，如果组织问题不解决好，正确的政治路线的实行就无法保证，我们向党和人民就交不了账。"〔11〕"老同志现在的责任很多，第一位的责任是什么？就是认真选拔好接班人。选得合格，选得好，我们就交了账了，这一辈子的事情就差不多了。其他的日常工作，是第二位、第三位、第四位、第五位、第六位的事情。第一位的事情是要认真选拔好接班人。"[12]

邓小平对干部年轻化问题的关注，1986 年时任外交部苏欧司司长的戴秉国有着十分深刻的印象。他后来回忆说："有一次接见外宾，客人没来时，外交部的工作人员就到休息室见邓小平。邓小平坐在中间，齐怀远、马玉珍、张文波和我进去先后跟他握手。因为我在几个人中算是比较年轻一点儿的，样子看上去也比实际年龄年轻一点儿，所以见到我的时候小平就专门问了：你多大年纪了？我说 45 岁。他就不说话了。为什么他不讲话了呢？我就一直在想，在他看来 45 岁当外交部的司长已经是不年轻了，因为他 23 岁就当了党中央的秘书长。而当时外交部像我这样 45 岁当司长还是不多的，算是年轻的。但小平认为已经是不年轻的了。可见，他一直关注、思考着干部年轻化的问题。"

为了尽早解决新老干部交替问题，邓小平反复强调选拔培养中青年干部的步子要快一些。1980 年 8 月 18 日，邓小平在中共中央政治局扩大会议上就党和国家领导制度的改革作重要讲话时指出："这项工作，当然要有步骤地进行，但是太慢了不行。错过时机，老同志都不在了，再来解决这个问题，就晚了，要比现在难得多，对于我们这些老同志来说，就是犯了历史性的大错误。"[13]12 月 25 日，邓小平在中央工作会议上再次提出："老干部要把选拔和培养中青年干部，作为第一位的、庄严的职责。别的工作做不好，固然要做自我批评，这项工作做不好，就要犯历史性的大错误。这项工作做好了，我们的事业完全有把握继续下去，我们的老干部就再一次为党、为人民做出了巨大的贡献。希望所有的老同志在这个问题上都有高度的自觉性。"[14]

1981 年 7 月 2 日，在中共省、市、自治区委员会书记座谈会上，他再次强调说：选拔培养中青年干部，"这是个战略问题，是决定我们命运的问题。现在，解决这个问题已经是十分迫切了，再过三五年，如果我们不解决这个问题，要来一次灾难。"[15]

1982年1月13日，邓小平在中共中央政治局会议上谈到老同志让路、让中青年干部上来的问题时指出："所有老干部都要认识，实现干部队伍的革命化、年轻化、知识化、专业化，是革命和建设的战略需要，也是我们老干部的最光荣最神圣的职责；是我们对党的最后一次历史性贡献，也是对我们每个人党性的一次严重考验。"[16]"这是一场革命。当然，这不是对人的革命，而是对体制的革命。这场革命不搞，让老人、病人挡住比较年轻、有干劲、有能力的人的路，不只是四个现代化没有希望，甚至于要涉及到亡党亡国的问题，可能要亡党亡国。"[17]

作为中国共产党的第二代中央领导集体核心的邓小平对抓紧培养接班人的紧迫性有十分清醒的认识。他反复指出："我们干部老化的情况不说十分严重，至少有九分半严重。这个问题不解决，我们的国家、我们的党就缺乏活力。"[18]他注重从健全党和国家的制度，着手解决选拔、培养接班人问题，他倡导设立顾问委员会、建立干部退休制、废除干部领导职务终身制等，使选拔、培养接班人的战略任务落到实处。

要按照"四化"方针实现干部新老交替，首先要解决的就是培养选拔德才兼备的年轻干部的问题。邓小平提出："目前的问题是，现行的组织制度和为数不少的干部的思想方法，不利于选拔和使用四个现代化所急需的人才。希望各级党委和组织部门在这个问题上来个大转变，坚决解放思想，克服重重障碍，打破老框框，勇于改革不合时宜的组织制度、人事制度，大力培养、发现和破格使用优秀人才，坚决同一切压制和摧残人才的现象作斗争。"[19]干部的提升，不能只限于现行党政干部中区、县、地、省一类台阶，各行各业应当有不同的台阶，不同的职务和职称。随着建设事业的发展，还要制定各个行业提升干部和使用人才的新要求、新方法。

打破那些关于台阶的过时的观念，创造一些适合新形势新任务的台阶，这才能大胆破格提拔。而且不管新式老式的台阶，总不能老是停留在嘴巴上说。一定要真正把优秀的中青年干部提拔上来，快点提拔上来。提拔干部不能太急，但是太慢了也要误现代化建设的大事。现在就已经误了不少啊！特别优秀的，要给他们搭个比较轻便的梯子，使他们越级上来。他告诫大家："提拔干部不能太急，但是太慢了也要误现代化建设的大事。"[20]

面对多年来中国共产党没有注意提拔中青年干部，造成青黄不接，如果老同志一下全丢手退下来，确有实际困难，年轻的干部也需要经验丰富的老同志传帮带。这种特殊的历史现状决定了：要在短时间内，彻底废止领导干部职务实际存在的终身制，全面实行领导干部退休制度，尤其是高级领导干部退休制度，还难以达到，必须寻找一个过渡的办法。[21]

邓小平在 1980 年 8 月 18 日中共中央政治局扩大会议上透露："正在考虑再设立一个顾问委员会（名称还可以再考虑），连同中央委员会，都由党的全国代表大会选举产生，并明确规定各自的任务和权限。这样，就可以让一大批原来在中央和国务院工作的老同志，充分利用他们的经验，发挥他们的指导、监督和顾问的作用。同时，也便于使中央和国务院的日常工作班子更加精干，逐步实现年轻化。"[22] 1981 年 7 月 2 日，邓小平在全国各省、市、自治区党委书记座谈会上进一步提出设立顾问委员会来"容纳一批老同志。中央委员会成员比较年轻一点，这是为后事着想。"[23] 7 月 30 日，中共中央政治局扩大会议讨论即将向中共十二大提交的《中国共产党章程（修改草案)》，经过修改的草案规定：在中央和省一级设立顾问委员会来发挥许多富有政治经验的老同志对党的事业的参谋作用。邓小平在会上指出："这次的党章有些问题没有完全解决，比如领导职务终身制的问题，已经接触到了，但没有完全解决，退休制度的问题也没有完全解决，设顾问委员会，是一种过渡性质的。鉴于我们党的状况，我们干部老化，但老同志是骨干，处理不能太急，太急了也行不通。还有，我们多年来对中青年干部的提拔就是少，就是没有注意这方面的工作嘛。而且还得承认，确实是障碍重重，这个障碍有些是有意识的，有些是无意识的，两种情况都有。所以，我们需要有一个顾问委员会来过渡。顾问委员会，应该说是我们干部领导职务从终身制走向退休制的一种过渡。我们有意识地采取这个办法，使得过渡比较顺利。也许经过三届代表大会以后，顾问委员会就可以取消了。如果两届能够实现，就要十年，那时我们在座的有几个还在？要是两届的话，现在六十岁的就是七十岁，七十岁的就是八十岁，八十岁的就是九十岁。所以，顾问委员会是个过渡，这个过渡是必要的，我们选择了史无前例的这种形式，切合我们党的实际。但是在这个过渡阶段，必须认真使干部队伍年轻化，为退休制度的建立和领导职务终身制的废除创造条件。"[24] 9 月 1 日至 11 日，中共十二大审议和通过了《中国共产党章程（修改草案）》，正式宣布在中央和省一级设立顾问委员会，并规定各自权限。9 月 13 日，邓小平在中顾委第一次全体会议上指出：设立顾问委员会"是解决党的中央领导机构新老交替的一种组织形式。目的是使中央委员会年轻化，同时让一些老同志在退出第一线之后继续发挥一定的作用。"[25]

邓小平认为，解决问题的根本办法还是建立离退休制度。他说："前几年，我提出搞顾问制度，但并没有完全行通，许多人不愿意当顾问。现在看来，要真正解决问题不能只靠顾问制度，重要的是要建立退休制度。这个问题，同我们每个人都有密切关系，请同志们好好地考虑一下。不建立这个制度，我们的机构臃肿、人浮于事的状况，以及青年人上不来的问题，都无法解决。有了退休制度，对各个部门、各级职务的干部的退休年龄有了明白规定，就可以使人人都知道自己到哪一年该退休。……实行退休制度是不是看不起哪个同志？不是看得起看不起哪个人的问题。这是关系到我们党和国家兴旺发达、朝气蓬勃的一个大问题。"〔26〕从 1982 年到 1992 年，正好是 10 年。10 年来，中国共产党的干部离休、退休制度全面建立并顺利执行，新老干部的合作和交替如期取得进展。

正如邓小平在 1992 年 1 月 18 日至 2 月 21 日的南方讲话中所强调："正确的政治路线要靠正确的组织路线来保证。中国的事情能不能办好，社会主义和改革开放能不能坚持，经济能不能快一点发展起来，国家能不能长治久安，从一定意义上说，关键在人。……中国要出问题，还是出在共产党内部。对这个问题要清醒，要注意培养人，要按照"革命化、年轻化、知识化、专业化"的标准，选拔德才兼备的人进班子。我们说党的基本路线要管一百年，要长治久安，就要靠这一条。真正关系到大局的是这个事。这是眼前的一个问题，并不是已经顺利解决了，希望解决得好。……要进一步找年轻人进班子。要选人，人选好了，帮助培养，让更多的年轻人成长起来。他们成长起来，我们就放心了。现在还不放心啊！说到底，关键是我们共产党内部要搞好，不出事，就可以放心睡大觉。"〔27〕

2. 四项基本原则是成套设备

1979 年 3 月 30 日，邓小平代表中共中央在党的理论务虚会上发表了题为《坚持四项基本原则》的著名讲话。在讲话中，他明确提出："我们要在中国实现四个现代化，必须在思想政治上坚持四项基本原则。这是实现四个现代化的根本前提。这四项是：第一，必须坚持社会主义道路；第二，必须坚持无产阶级专政；第三，必须坚持共产党的领导；第四，必须坚持马列主义、毛泽东思想。"〔28〕"今天必须反复强调坚持这四项基本原则，因为某些人（哪怕只是极少数人）企图动摇这些基本原则。这是决不许可的。每个共产党员，更不必说每个党的思想理论工作者，决不允许在这个根本立场上有丝毫动摇。如果动摇了这四项基本原则中的任何一项，那就动摇了整个社会主义事业，整个现代化建设事业。"〔29〕后来，四项基本原则被称作"是立国之本，是我们党、我们国家生存发展的政治基石"。

实际上，四项基本原则的具体内容并不是新鲜的东西，而是中国共产党长期以来一贯坚持的。但是在新时期把它提出来加以强调，具有历史的原因和现实的需要。中共十一届三中全会前后，中国共产党进行了指导思想和各条战线的拨乱反正工作。随着拨乱反正、平反冤假错案工作的逐步深入，广大干部群众从过去一个时期盛行的个人崇拜和教条主义的精神枷锁中解脱出来，党内外思想空前活跃，出现了努力研究新情况和解决新问题的生动局面。但是，与此同时，社会上出现了一些值得注意的新的思想动向也引起了邓小平的警觉。一方面，中共党内仍有少数坚持"左"倾错误的人认为党的工作重点转移急了，转移坏了，攻击十一届三中全会路线以及十一届三中全会以来所实行的一系列方针政策违反马克思列宁主义、毛泽东思想；另一方面，有少数人不能以正确的观点和方法认识历史与现实，对诸如为什么新中国成立后经济发展速度比较慢，为什么毛泽东晚年犯了那么严重的错误，为什么所有社会主义国家都存在这样或那样的问题等等，不能给予科学的分析和回答，对党的领导、对毛泽东思想、对社会主义道路的正确性表现出迷茫和怀疑，思想上出现混乱。特别是有极少数人利用党进行拨乱反正的时机，打着"社会改革"的幌子，曲解"解放思想"的口号，把党的错误加以极端的扩大，企图否定党的领导，否定无产阶级专政，否定毛泽东和毛泽东思想，否定社会主义道路。甚至有的还同国外敌对势力相勾结，妄图挑起更大的事端。

很显然，如果任由这些新的思想动向发展下去，不加制止，那么，刚刚形成的安定团结的局面就可能被破坏，刚刚开始的思想解放也有可能被引入歧途，中共十一届三中全会的路线就很难贯彻。邓小平高瞻远瞩，明确提出要坚持四项基本原则，确立了安邦治国之道。一个值得关注的细节是，邓小平对《坚持四项基本原则》这篇讲话的起草工作十分重视，多次约见胡乔木等人进行研究。他一直主张开短会、讲短话，十一届三中全会闭幕会上的讲话也不过8000字，这篇讲话则长达18000字，是三卷本《邓小平文选》中难得一见的长文。

我们必须坚持社会主义道路。现在有一些人散布所谓社会主义不如资本主义的言论。一定要彻底驳倒这种言论。首先，只有社会主义才能救中国，这是中国人民从五四运动到现在六十年来的切身体验中得出的不可动摇的历史结论。中国离开社会主义就必然退回到半封建半殖民地。中国绝大多数人决不允许历史倒退。[30]1987年1月20日，他在会见津巴布韦总理穆加贝时更是强调：在改革中坚持社会主义方向，这是一个很重要的问题。我们要实现工业、农业、国防和科技现代化，但在四个现代化前面有"社会主义"四个字，叫"社会主义四个现代化"。我们现在讲的对内搞活经济、对外开放是在坚持社会主义原则下开展的。[31]

我们必须坚持无产阶级专政。无产阶级专政对于人民来说就是社会主义民主，是工人、农民、知识分子和其他劳动者共同享受的民主，是历史上最广泛的民主。没有无产阶级专政，我们就不可能保卫从而也不可能建设社会主义。[32]1982年7月4日，邓小平在中央军委座谈会上的讲话中特别指出："只有人民内部的民主，而没有对破坏分子的专政，社会就不可能保持安定团结的政治局面，就不可能把现代化建设搞成功。"[33]

我们必须坚持共产党的领导。党的领导当然不会没有错误，而党如何才能密切联系群众，实施正确的和有效的领导，也还是一个必须认真考虑和努力解决的问题，但是这决不能成为要求削弱和取消党的领导的理由。削弱甚至取消党的领导，事实上只能导致无政府主义，导致社会主义事业的瓦解和覆灭。[34]1986年9月3日，邓小平在会见日本公明党委员长竹入义胜的谈话中说道："党的领导是不能动摇的，但党要善于领导，党政需要分开，这个问题要提上议事日程。"[35]仅仅过了十天，邓小平在听取中央财经工作小组汇报，论及政治体制改革内容时再次指出："改革的内容，首先是党政要分开，解决党如何善于领导的问题。这是关键，要放在第一位。"[36]因此，坚持党的领导，必须改善党的领导，加强执政党建设，实行党政分开，并着重从制度上建设和改善党的领导。

我们必须坚持马列主义、毛泽东思想。我们坚持的和要当作行动指南的是马列主义、毛泽东思想的基本原理，或者说是由这些基本原理构成的科学体系。过去是中国革命的旗帜，今后将永远是中国社会主义事业和反霸权主义事业的旗帜，我们将永远高举毛泽东思想的旗帜前进。[37]我们准确地完整地理解毛泽东思想体系，将马列主义普遍真理与中国具体实践相结合，研究新情况，解决新问题，总结新经验，提出新理论。

为了维护社会的安定团结，保障改革开放和现代化建设事业的顺利进行，邓小平反复告诫全党必须坚持四项基本原则。1980年2月29日，邓小平在中共十一届五中全会三次会议上指出："解放思想决不能够偏离四项基本原则的轨道，不能损害安定团结、生动活泼的政治局面。全党对这个问题要有一个统一的认识。如果像'西单墙'的一些人那样，离开四项基本原则去'解放思想'，实际上是把自己放到党和人民的对立面去了。"[38]在1980年12月25日召开的中共中央工作会议上，邓小平再次强调："社会主义道路，人民民主专政即无产阶级专政，党的领导，马列主义、毛泽东思想，对于这四项基本原则，必须坚持，绝不允许任何人加以动摇，并且要用适当的法律形式加以确定。"[39]并对反对四项基本原则的右的思潮没有得到根本克服的状况提出严肃批评，"我们的宣传工作还存在严重缺点，主要是没有积极主动、理直气壮而又有说服力地宣传四项基本原则，对一些反对四项基本原则的严重错误思想没有进行有力的斗争。在一些同志的思想中也确实存在着混乱，例如有人认为，坚持四项基本原则会妨碍解放思想，健全社会主义法制会妨碍社会主义民主，对错误意见进行正确的批评是违反'双百'方针，等等。"〔40〕

1982 年，四项基本原则被正式载入中共十二大党章和新修订的宪法，成为全党和全国人民团结奋斗的政治基础。因此，人们形象地把四项基本原则称为撑起共和国大厦的四根擎天巨柱。在此后的一段时间中，邓小平反复论述和强调坚持四项基本原则，旗帜鲜明地反对资产阶级自由化。他还多次指出，坚持四项基本原则的核心，是坚持共产党的领导。

1989 年 6 月 9 日，邓小平指出："四个坚持本身没有错，如果说有错误的话，就是坚持四项基本原则还不够一贯，没有把它作为基本思想来教育人民，教育学生，教育全体干部和共产党员。这次事件的性质，就是资产阶级自由化和四个坚持的对立。四个坚持、思想政治工作、反对资产阶级自由化、反对精神污染，我们不是没有讲，而是缺乏一贯性，没有行动，甚至讲得都很少。不是错在四个坚持本身，而是错在坚持得不够一贯，教育和思想政治工作太差。"〔41〕6 月 16 日，他在同几位中央负责人的谈话说："在政治体制改革方面，最大的目的是取得一个稳定的环境。我跟美国人讲，中国的最高利益就是稳定。只要有利于中国稳定的就是好事。坚持四项基本原则任何时候我都没有让过步。"〔42〕9 月 16 日，他在会见美籍华人李政道时再次指出："过去两个总书记都没有站住，并不是选的时候不合格。选的时候没有选错，但后来他们在根本问题上，就是在坚持四项基本原则的问题上犯了错误，栽了跟头。四个坚持中最核心的是党的领导和社会主义。四个坚持的对立面是资产阶级自由化。坚持四项基本原则，反对资产阶级自由化，这些年来每年我都讲多次，但是他们没有执行。"〔43〕为此，他一再要求各级领导务必加强思想政治工作，改进宣传工作，加强对四项基本原则的宣传和教育。

东欧剧变和苏联解体后，邓小平多次谈道：四项基本原则，我们绝不会放弃。如果走东欧这条路，中国就完了。东欧发生的事情说明中国的四个坚持是搞对了。1992年年初，邓小平在南方谈话中又一次告诫全党："在整个改革开放的过程中，必须始终注意坚持四项基本原则。十二届六中全会我提出反对资产阶级自由化还要搞二十年，现在看起来还不止二十年。资产阶级自由化泛滥，后果极其严重。"〔44〕1993年9月16日，邓小平在家中同弟弟邓垦进行了一次长谈。这是他留下来的最后一篇重要文献。他说："我们在改革开放初期就提出四个坚持。没有这四个坚持，特别是党的领导，什么事情也搞不好，会出问题。出问题就不是小问题。"

坚持四项基本原则，邓小平讲得最早、最多、最深刻，是邓小平以政治家、战略家的眼光，排除各种困难和干扰，凝聚民族力量的精神支柱和坚强的思想政治基础，为中国的改革开放和社会主义现代化建设以及安定团结的政治局面提供了坚强有力的保证，是我们的立国之本和中国共产党的事业成功的关键所在。

3. 实施"三步走"战略

"文化大革命"的十年浩劫，使中国国民经济遭受严重创伤，几乎到了崩溃边缘，百废待兴、百业待举。在改革开放和社会主义现代化建设新时期，制定什么样的战略目标，采取什么样的战略步骤，将全党、全国人民的意志和力量凝聚起来，把社会主义现代化建设事业推向前进，成为一个至关重要的问题。邓小平立足中国国情，认真总结历史经验和实践经验，科学把握经济发展规律和世界经济发展趋势，以其战略家的远见，对中国社会主义现代化建设事业进行认真的构思和艰辛的探索，逐步提出和形成了"三步走"的发展战略，解决了中国现代化建设的目标、步骤等关系全局的重大问题，对中国未来几十年的发展产生了久远而深刻的影响。

中国的现代化任务是在 1964 年 12 月召开的三届人大一次会议上，由毛泽东建议、周恩来第一次提出："今后发展国民经济的主要任务，总的说来，就是要在不太长的历史时期内，把我国建设成为一个具有现代农业、现代工业、现代国防和现代科学技术的社会主义强国，赶上和超过世界先进水平。"[45] 但是，由于"以阶级斗争为纲"的错误决策和十年动乱的影响，"四个现代化"的目标被搁置起来。"文化大革命"结束后，随着国门的打开，中国如何缩小和发达国家的差距，能否在 20 世纪的最后 20 年里实现现代化，成了需要冷静思考的问题。

对于中国这样一个人口多、底子薄的大国建设现代化，仅有美好的愿望显然不行，还必须对自己的国情有一个正确的认识。早在 1975 年，邓小平就开始思考中国现代化的发展战略，考虑如何勾画中国现代化的宏伟蓝图。

1975 年 9 月 15 日，邓小平在出席全国农业学大寨会议开幕式的讲话中指出："二十五年来，在农业方面，我们由过去旧中国的半饥饿状态做到了粮食刚够吃，这件事情不可小视，这是一个伟大的成绩。在工业方面，我们也打下了一个初步的基础。但是，我们应该有清醒的头脑，尽管有了这个基础，但我们还很穷、很落后，不管是工业、农业，要赶上世界先进水平还要几十年的时间。"[46] 10 月 7 日，他在会见英国保守党上院领袖彼得·卡林顿和英国石油公司董事长埃·德雷克时，谈到中国国内情况时说道："中国有中国的问题，中国自己有自己的条件。因为我们人口多，即使我们的生产能力和总产值达到了美国的水平，人民的生活水平跟你们西方的水平还差一个很大的距离。说赶上西方，就是比较接近，至少还要五十年。这不是客气话，这是一种清醒的估计。"[47] 1978 年 5 月 7 日，在会见马达加斯加客人时，邓小平谈"四个现代化"的口气有了微妙变化，"我们实现四个现代化是有可能的。当然也不那么容易。世界上先进技术发展很快，发展速度不是用年来计算，而是用月、用日来计算的，叫做'日新月异'。我们就是实现了四个现代化，工农业产品的产量和国民收入按人口平均来算，还是比较低的。"[48]10月10日，在会见德意志联邦共和国新闻代表团的谈话中邓小平讲得就更明确更低调了。他说："这十几年来，世界有了突飞猛进的发展，差距就拉得很大了。同发达国家相比较，经济上的差距不止是十年了，可能是二十年、三十年，有的方面甚至可能是五十年。到本世纪末还有二十二年，二十二年以后，世界是什么面貌？包括你们在内的发达国家，在七十年代的基础上再向前发展二十二年，将是什么面貌？我们的四个现代化，要在本世纪末达到你们现在的水平已不容易，要达到你们二十二年后的水平就更难了。"[49]1978年年底召开的中共十一届三中全会中，中央在考虑现代化建设的问题时，首先明确这样一个思想：认真研究国情，"根据我国的实际情况，确定实现四个现代化的具体道路、方针、方法和措施。"[50]

1979年3月21日，邓小平在会见英中文化协会执行委员会代表团时指出："我们定的目标是在本世纪末实现四个现代化。我们的概念与西方不同，我姑且用个新说法，叫做中国式的四个现代化。现在我们的技术水平还是你们五十年代的水平。如果本世纪末能达到你们七十年代的水平，那就很了不起。就是达到这个水平，也还要做许多努力。由于缺乏经验，实现四个现代化可能比想像的还要困难些。"[51]邓小平在谈四个现代化建设中使用了"中国式的四个现代化"的新提法。正如他在两天后的中共中央政治局会议上所说："我同外国人谈话，用了一个新名词：中国式的现代化。"3月30日的中共理论工作务虚会上，在他发表的《坚持四项基本原则》讲话中再次提道："我们当前以及今后相当长一个历史时期的主要任务就是搞现代化建设。能否实现四个现代化，决定着我们国家的命运、民族的命运。社会主义现代化建设是我们当前最大的政治。现在搞建设，也要适合中国情况，走出一条中国式的现代化道路。要使中国实现四个现代化，至少有两个重要特点是必须看到的：一个是底子薄。第二条是人口多，耕地少。中国式的现代化，必须从中国的特点出发。"〔52〕中国式的现代化的提出，说明邓小平对中国现代化发展战略开始有了比较准确的定位。

　　1979 年 10 月 4 日，邓小平在中共中央召开的各省、市、自治区第一书记座谈会上讲道："我们开了大口，本世纪末实现四个现代化。后来改了个口，叫中国式的现代化，就是把标准放低一点。特别是国民生产总值，按人口平均来说不会很高。……我们到本世纪末国民生产总值能不能达到人均上千美元？前一时期我讲了一个意见，等到人均达到一千美元的时候，我们的日子可能就比较好过了。"〔53〕12 月 6 日，他在回答日本首相大平正芳关于中国将来会是什么样的情况，整个现代化的蓝图是如何构思的提问时，首次提出"小康"的概念，指出："我们要实现的四个现代化，是中国式的四个现代化。我们的四个现代化的概念，不是像你们那样的现代化的概念，而是'小康之家'。到本世纪末，中国的四个现代化即使达到了某种目标，我们的国民生产总值人均水平也还是很低的。要达到第三世界中比较富裕一点的国家的水平，比如国民生产总值人均一千美元，也还得付出很大的努力。"〔54〕

　　1981 年 9 月 9 日，邓小平在会见日本公明党第十次访华代表团时再次强调："实现四个现代化是相当大的目标，要相当长的时间。本世纪末也只能搞一个小康社会，要达到西方比较发达国家的水平，至少还要再加上三十年到五十年的时间。"〔55〕邓小平在 1982 年 4 月 16 日会见罗马尼亚客人时谈道："我们缺口太多，欠账太多，……在整个八十年代，我们要为九十年代做好准备，力争在九十年代有一个较快较好的发展速度。"〔56〕此后，二十年规划，分为前十年和后十年，前十年为后十年打基础，后十年要实现较快发展，成为邓小平频繁提起的战略部署。邓小平关于 20 世纪末实现小康生活水平，将现代化建设时间延长的构想为中国共产党和国家科学确立现代化建设的总体规划及实施步骤提供了原则性的指导，并逐渐为党的全国性会议所接受。1982 年 9 月召开的中共十二大正式确定了到 21 世纪末国民生产总值翻两番的奋斗目标，也就是邓小平所说的"小康"目标。

1984 年 10 月 6 日，在会见参加中外经济合作问题讨论会的中外代表时邓小平用更简明的"两步走"来概括中国的中长期发展战略，他说："我们第一步是实现翻两番，需要二十年，还有第二步，需要三十年到五十年，恐怕是要五十年，接近发达国家的水平。"此后，他多次谈到第二个翻两番，有时候还很具体，即到下世纪中叶达到人均国民生产总值四千美元，建成中等发达水平的国家。1987 年 8 月 29 日，即中共十三大召开前夕，邓小平在会见意大利共产党领导人时明确阐述了"三步走"战略："我国经济发展分三步走，本世纪走两步，达到温饱和小康，下个世纪用三十年到五十年时间再走一步，达到中等发达国家的水平。这就是我们的战略目标，这就是我们的雄心壮志。"〔57〕中共十三大明确而系统地阐述了"三步走"的发展战略，即"第一步，实现国民生产总值比一九八〇年翻一番，解决人民的温饱问题。这个任务已经基本实现。第二步，到本世纪末，使国民生产总值再增长一倍，人民生活达到小康水平。第三步，到下个世纪中叶，人均国民生产总值达到中等发达国家水平，人民生活比较富裕，基本实现现代化。"〔58〕中共十三大闭幕后，"三步走"战略通过舆论宣传家喻户晓。

"年轻的朋友们，我们来相会；荡起小船儿，暖风轻轻吹……再过二十年，我们来相会，伟大的祖国该有多么美，天也新，地也新，春光更明媚，城市乡村处处增光辉……"这首清新明快的歌曲《年轻的朋友来相会》，在 20 世纪 80 年代的广大青年中广为传唱。它唱出了一代中国青年对美好生活的追求，唱出了他们对祖国美好未来的憧憬。随着"三步走"发展战略的制定和实施，人们注定相会在一个个辉煌时刻：

随着以建立社会主义市场经济体制为目标的各项改革快速推进，以及对外开放战略不断取得新进展，中国国民经济在 20 世纪 90 年代始终保持高速度的增长。"八五"期间，国民生产总值年均增长 12%。到 1995 年，国民生产总值达到 5.76 万亿元，提前 5 年实现了原定 2000 年国民生产总值比 1980 年翻两番的目标。

1995 年 9 月，中共十四届五中全会通过《中共中央关于制定国民经济和社会发展"九五"计划和 2010 年远景目标的建议》，对 20 世纪末实现小康目标的战略进行了调整：全面完成现代化建设的第二步战略部署，2000 年实现人均国民生产总值比 1980 年翻两番，基本消除贫困现象，人民生活达到小康水平。仅仅过了两年，1997 年国内生产总值达到 74772 亿元，提前 3 年实现了人均国民生产总值比 1980 年翻两番的目标。

1997 年 9 月，江泽民在中共十五大报告中，继承和发展了邓小平提出的"三步走"战略，提出了"新三步走"发展战略，这就是 21 世纪前 50 年分三个阶段的发展构想："第一个 10 年实现国民生产总值比 2000 年翻一番，使人民的小康生活更加宽裕，形成比较完善的社会主义市场经济体制；再经过 10 年的努力，到建党 100 年时，使国民经济更加发展，各项制度更加完善；到世纪中叶建国 100 年时，基本实现现代化，建成富强民主文明的社会主义国家。"

在一幅幅路线图和一张张时间表的指引下，中国的改革开放和现代化建设事业稳步前进，中国各族人民的物质文化生活水平不断提高。

4.“一国两制”是伟大创造

1986 年 4 月，广西电影制片厂拍摄的电影《血战台儿庄》在香港首映，为世人展示了一幅国民党军队顽强抗击日本侵略的历史画卷，令人耳目一新。台湾“中央社”在香港的负责人谢忠侯看完影片后，立即给蒋经国打电话说：“我刚才看了中共在香港上映的一个抗战影片，讲的是国军抗战打胜仗的，名叫《血战台儿庄》，里面出现了先总统的形象，跟他们以前的影片形象不同，这次形象是正面的。”蒋经国很吃惊，便对谢忠侯说：“找一个拷贝来看看。”

很快，广西电影制片厂就复制了一盘录影带，通过新华社香港分社的负责人交给谢忠侯。宋美龄、蒋经国请国民党中常委的全体人员，一起观看了影片。蒋经国感慨地说：“从这个影片看来，大陆已经承认我们抗战了。这个影片没有往我父亲脸上抹黑。看来，大陆的政策有所调整，我们相应也要作些调整。”不久，蒋经国决定打破两岸“老死不相往来”的坚冰，同意开放国民党部队老兵回大陆探亲，揭开了两岸公开互动往来的序幕。

实际上，为了这一天的到来，中国共产党已经努力了 30 多年。从 20 世纪 50 年代中期开始，毛泽东、周恩来等就积极探索能否用和平方式解决台湾问题，并提出了一些极为重要的思想和原则。1955 年 4 月，周恩来在参加有 29 个亚非国家参加的万隆会议期间，代表中国政府阐明了对台湾问题的原则立场，强调中国人民有权用一切方法包括不排除用和平方法解放台湾。5 月，他在第一届全国人大常委会第十五次会议上汇报万隆会议情况时进一步指出：“中国人民解放台湾有两种可能的方式，即战争的方式和和平的方式，中国人民愿意在可能的条件下，争取用和平的方式解放台湾。”[59]

1956 年 1 月，毛泽东在最高国务会议上提出“准备进行第三次国共合作”，随后不久又提出“和为贵”、“爱国一家”、“爱国不分先后”等政策主张。1957 年，台湾"立法委员"宋宜山访问北京，中国共产党委托他向蒋介石转达了几点建议，其中就包括两党通过对等谈判，实现和平统一。1958 年 10 月 13 日，毛泽东表示："台湾如果回到祖国来，照他们自己的方式生活，水里的鱼都有地区性的，毛儿盖的鱼到别的地方就不行。"[60] 毛泽东还请人转告台方：蒋介石不要怕我们同美国一起整他。蒋介石同美国的连理枝解散，同大陆连起来，枝连起来，根还是他的，可以活下去，可以搞他的一套。

1963 年年初，周恩来进一步将毛泽东的思想概括为"一纲四目"。"一纲"是台湾必须回归祖国。"四目"是：（1）台湾回归祖国后，除外交必须统一于中央外，所有军政大权人事安排由蒋决定；（2）所有军政及建设经费不足之数，由中央拨付；（3）台湾的社会改革可以从缓，协商解决；（4）双方互约不派人进行破坏对方团结之事。周恩来表示中国整个是社会主义，有那么一块地方处于民主革命阶段未尝不可。[61] 之后，由于国内国际形势的变化，和平统一台湾的工作没能推进，但这些探索的重要的思想和原则为以邓小平为核心的中共中央第二代领导集体提出"一国两制"思想作了重要的准备。

中共十一届三中全会前后，邓小平集中全党智慧，逐步提出了和平解决台湾问题、完成祖国统一大业的基本设想。1978 年 10 月 8 日，邓小平在会见日本文艺评论家江藤淳时指出："如果实现祖国统一，我们在台湾的政策将根据台湾的现实来处理。比如说，美国在台湾有大量的投资，日本在那里也有大量的投资，这就是现实，我们正视这个现实"。[62] 11 月 14 日，邓小平在会见缅甸总统吴奈温时又指出："在解决台湾问题时，我们会尊重台湾的现实。比如，台湾的某些制度可以不动，美日在台湾的投资可以不动，那边的生活方式可以不动。但是要统一"。[63]

1979 年 1 月 1 日，在中美两国正式建交的同时，中华人民共和国全

Xiang
Dengxiaoping
Xuexi

国人大常委会发表《告台湾同胞书》，宣布了和平解决台湾问题的方针。《告台湾同胞书》表示："一定要考虑现实情况，完成祖国统一的大业，在解决统一问题时尊重台湾现状和台湾各界人士的意见，采取合情合理的政策和办法，不使台湾人民蒙受损失。"〔64〕1979 年 1 月 30 日，邓小平在美国参、众两院发表的演说及在美中人民友好协会和全美华人协会举行的招待会上的讲话中，进一步阐明了中国政府在和平解决台湾问题、实现祖国统一方面的方针政策。他指出："我们不再用'解放台湾'这个提法了。只要台湾回归祖国，我们将尊重那里的现实和现行制度。一定考虑到台湾的现实，重视台湾人民的意见，实行合情合理的政策。"〔65〕12 月 6 日，邓小平在会见日本首相大平正芳的谈话中，比较清楚地表达了"一国两制"的构想。他指出："我们提出了台湾回归祖国，实现祖国统一的目标。实现这个目标，要从现实情况出发。对台湾，我们的条件是很简单的，那就是，台湾的制度不变，生活方式不变，台湾与外国的民间关系不变，包括外国在台湾的投资、民间交往照旧。""台湾作为一个地方政府，可以拥有自己的自卫力量，军事力量。条件只有一条，那就是，台湾要作为中国不可分的一部分。它作为中国的一个地方政府，拥有充分的自治权。"〔66〕

"一国两制"构想概念的正式形成。1981 年 9 月 30 日，经中共中央政治局讨论决定，全国人大常委会委员长叶剑英向新华社记者发表谈话，提出了和平解决台湾问题、实现祖国统一的九条方针政策。(1) 建议举行国共两党对等谈判，实行第三次合作，共同完成祖国统一大业。双方可先派人接触，充分交换意见。(2) 建议双方共同为通邮、通商、通航、探亲、旅游以及开展学术、文化、体育交流提供方便达成有关协议。(3) 国家实现统一后，台湾可作为特别行政区享有高度的自治权，并可以保留军队。中央政府不干预台湾地方事务。(4) 台湾现行社会、经济制度不变，生活方式不变，同外国的经济、文化关系不变。私人财产、房屋、土地、企业所有权、合法继承权和外国投资不受侵犯。(5) 台湾当局和各界代表人士，可担任全国性政治机构的领导职务，参与国家管理。(6) 台湾地方财政遇有困难时，由中央政府酌情补助。(7) 台湾各族人民、各界人士愿回祖国大陆定居者，保证妥善安排，不受歧视，来去自由。(8) 欢迎台湾工商界人士回祖国大陆投资，兴办各种经济事业，保证其合法权益和利润。(9) 热诚欢迎台湾各族人民、各界人士、民众团体通过各种渠道、采取各种方式提供建议，共商国是。[67]后来，人们将这些政策主张简称为"叶九条"。

1982 年 1 月 11 日，邓小平在会见美国华人协会主席李耀滋谈到祖国统一问题时首次将解决台湾问题，实现祖国统一的构想概括为"一个国家，两种制度"，并指出："九条方针是以叶副主席的名义提出来的，实际上就是一个国家两种制度。两种制度是可以允许的。他们不要破坏大陆的制度，我们也不破坏他们那个制度。国家的统一是我们整个中华民族的愿望。这不仅有利于子孙后代，在中国五千年的历史上也是一件大事。我们是从这样的角度着想和对待这个问题的。"[68]9 月 24 日，邓小平在会见英国首相撒切尔夫人时，郑重地阐明了中国政府对香港问题的基本立场，并明确表示我们准备用在考虑解决台湾问题时提出的基本办法即"一国两制"构想来解决香港问题。他说："关于主权问题，中国在这个问题上没有回旋余地。坦率地讲，主权问题不是一个可以讨论的问题。现在时机已经成熟了，应该明确肯定：一九九七年中国将收回香港。"[69]为了"保持香港的繁荣，我们希望取得英国的合作。"但"香港继续保持繁荣，根本上取决于中国收回香港后，在中国的管辖之下，实行适合于香港的政策。香港现行的政治、经济制度，甚至大部分法律都可以保留，当然，有些要加以改革。香港仍将实行资本主义，现行的许多适合的制度要保持。"[70]在随后修改宪法的过程中，"一国两制"构想的核心内容被写进了中华人民共和国宪法，并在 1982 年 12 月 4 日召开的五届全国人大五次会议上正式通过。宪法规定："国家在必要时得设立特别行政区。在特别行政区内实行的制度按照具体情况由全国人民代表大会以法律规定"。[71]至此，"一国两制"构想的实质内容被法律化，为祖国和平统一提供了法律依据，成为中国政府解决台湾、香港、澳门问题，实现祖国统一大业的基本方针。

1983年6月26日，邓小平会见美籍华人美国新泽西州西东大学教授杨立宇。会谈中，根据中共中央政治局的讨论意见，邓小平对"一国两制"方针政策进行了系统的阐述："我们不赞成台湾'完全自治'的提法。自治不能没有限度，既有限度就不能'完全'。'完全自治'就是'两个中国'，而不是一个中国。制度可以不同，但在国际上代表中国的，只能是中华人民共和国。我们承认台湾地方政府在对内政策上可以搞自己的一套。台湾作为特别行政区，虽是地方政府，但同其他省、市以至自治区的地方政府不同，可以有其他省、市、自治区所没有而为自己所独有的某些权力，条件是不能损害统一的国家的利益。"[72]并将以叶剑英委员长的名义提出的"九条方针"归纳为"六点办法"。即"祖国统一后，台湾特别行政区可以有自己的独立性，可以实行同大陆不同的制度。司法独立，终审权不须到北京。台湾还可以有自己的军队，只是不能构成对大陆的威胁。大陆不派人驻台，不仅军队不去，行政人员也不去。台湾的党、政、军等系统，都由台湾自己来管。中央政府还要给台湾留出名额。"[73]并强调："和平统一不是大陆把台湾吃掉，当然也不能是台湾把大陆吃掉。所谓'三民主义统一中国'，这不现实。……我们建议举行两党平等会谈，实行第三次合作，而不提中央与地方谈判。双方达成协议后，可以正式宣布。但万万不可让外国插手，那样只能意味着中国还未独立，后患无穷。"[74]

1984年6月22日、23日，邓小平在分别会见香港工商界访京团和香港知名人士的两次谈话中，进一步阐述了"一个国家，两种制度"的构想。指出："中国政府为解决香港问题所采取的立场、方针、政策是坚定不移的。我们多次讲过，我国政府在一九九七年恢复行使对香港的主权后，香港现行的社会、经济制度不变，法律基本不变，生活方式不变，香港自由港的地位和国际贸易、金融中心的地位也不变，香港可以继续同其他国家和地区保持和发展经济关系。""我们的政策是实行'一个国家，两种制度'，具体说，就是在中华人民共和国内，十亿人口的大陆实行社会主义制度，香港、台湾实行资本主义制度。"〔75〕10月6日，邓小平会见澳门中华总商会会长马万祺时说："澳门问题也将按照解决香港问题那样的原则来进行，"一国两制"、澳人治澳、五十年不变等等。澳门收回后，赌业可以继续下去。"〔76〕至此，"一国两制"的构想，在解决香港、澳门问题上得到不断充实和完善。

"一国两制"构想的正确性得到实践检验：

1984年12月19日，《中华人民共和国政府和大不列颠及北爱尔兰联合王国政府关于香港问题的联合声明》正式签署，确定中国政府将于1997年7月1日恢复行使对香港的主权。

1987年4月13日，《中华人民共和国政府和葡萄牙共和国政府关于澳门问题的联合声明》正式签署，宣告中国政府将于1999年12月20日恢复行使对澳门的主权。

1990年4月4日，第七届全国人民代表大会第三次会议通过了《中华人民共和国香港特别行政区基本法》及其两个附件，定于1997年7月1日正式实施。

1993年3月31日，第八届全国人民代表大会第一次会议通过了《中华人民共和国澳门特别行政区基本法》，定于1999年12月20日正式实施。

1997年7月1日，中华人民共和国政府正式恢复行使对香港的主权，至此，邓小平提出的"一国两制"构想，已经发展成为现实的实践。

1999年12月20日，中华人民共和国政府正式恢复行使对澳门的主权，这是邓小平"一国两制"构想的又一成功实践。

邓小平提出的"和平统一、一国两制"的伟大构想，是从中国的实际出发、实现国家统一的最佳方案。这一构想既体现了实现国家统一、维护国家主权的原则性，又充分考虑到台湾、香港、澳门的历史和现实，是坚定原则性和策略灵活性相结合的典范，成为推进祖国和平统一大业的基本方针。正如英国前首相撒切尔夫人评价："一国两制"是最富有天才的创造，这个构想看起来是个简单的想法，但却是充满想象力的构想，是解决香港问题的关键，是我们达成协议的关键。它为香港的特殊历史环境提供了富有想象力的答案。"我们完全有理由相信，按照邓小平"一国两制"构想，我们也一定能够解决台湾问题，最终完成祖国统一大业。

注 释

〔1〕 习近平：《在纪念邓小平同志诞辰110周年座谈会上的讲话》，人民出版社2014年版，第17页。

〔2〕 《邓小平文选》第2卷，人民出版社1994年版，第222页。

〔3〕 《邓小平文选》第1卷，人民出版社1994年版，第251页。

〔4〕 《邓小平文选》第2卷，人民出版社1994年版，第400页。

〔5〕 《邓小平文选》第2卷，人民出版社1994年版，第75页。

〔6〕 《邓小平文选》第2卷，人民出版社1994年版，第123页。

〔7〕 《邓小平文选》第2卷，人民出版社1994年版，第123页。

〔8〕 《邓小平文选》第2卷，人民出版社1994年版，第192页。

〔9〕 《江泽民文选》第1卷，人民出版社2006年版，第635页。

〔10〕 《邓小平文选》第2卷，人民出版社1994年版，第191—193页。

〔11〕 《邓小平文选》第2卷，人民出版社1994年版，第221—222页。

〔12〕 《邓小平文选》第2卷，人民出版社1994年版，第227页。

〔13〕 《邓小平文选》第2卷，人民出版社1994年版，第327页。

〔14〕 《邓小平文选》第2卷，人民出版社1994年版，第360页。

〔15〕 《邓小平文选》第2卷，人民出版社1994年版，第384页。

〔16〕 《邓小平文选》第2卷，人民出版社1994年版，第396页。

〔17〕《邓小平文选》第 2 卷，人民出版社 1994 年版，第 397 页。

〔18〕《邓小平文选》第 3 卷，人民出版社 1993 年版，第 5 页。

〔19〕《邓小平文选》第 2 卷，人民出版社 1994 年版，第 326 页。

〔20〕《邓小平文选》第 2 卷，人民出版社 1994 年版，第 324 页。

〔21〕苏台仁主编：《邓小平生平全纪录》，中央文献出版社 2004 年版，第 714 页。

〔22〕《邓小平文选》第 2 卷，人民出版社 1994 年版，第 339 页。

〔23〕《邓小平文选》第 2 卷，人民出版社 1994 年版，第 385 页。

〔24〕《邓小平文选》第 2 卷，人民出版社 1994 年版，第 413—414 页。

〔25〕《邓小平文选》第 3 卷，人民出版社 1993 年版，第 5 页。

〔26〕《邓小平文选》第 2 卷，人民出版社 1994 年版，第 226 页。

〔27〕《邓小平文选》第 3 卷，人民出版社 1993 年版，第 380—381 页。

〔28〕《邓小平文选》第 2 卷，人民出版社 1994 年版，第 164—165 页。

〔29〕《邓小平文选》第 2 卷，人民出版社 1994 年版，第 173 页。

〔30〕《邓小平文选》第 2 卷，人民出版社 1994 年版，第 166 页。

〔31〕《邓小平文选》第 3 卷，人民出版社 1993 年版，第 138 页。

〔32〕《邓小平文选》第 2 卷，人民出版社 1994 年版，第 168 页。

〔33〕《邓小平文选》第 3 卷，人民出版社 1993 年版，第 154 页。

〔34〕《邓小平文选》第 2 卷，人民出版社 1994 年版，第 169 页。

〔35〕《邓小平文选》第 3 卷，人民出版社 1993 年版，第 177 页。

〔36〕《邓小平文选》第 3 卷，人民出版社 1993 年版，第 177 页。

〔37〕《邓小平文选》第 2 卷，人民出版社 1994 年版，第 171 页。

〔38〕《邓小平文选》第 2 卷，人民出版社 1994 年版，第 279 页。

〔39〕《邓小平文选》第 2 卷，人民出版社 1994 年版，第 358 页。

〔40〕《邓小平文选》第 2 卷，人民出版社 1994 年版，第 364 页。

〔41〕《邓小平文选》第 3 卷，人民出版社 1993 年版，第 305 页。

〔42〕《邓小平文选》第 3 卷，人民出版社 1993 年版，第 313 页。

〔43〕《邓小平文选》第 3 卷，人民出版社 1993 年版，第 324 页。

〔44〕《邓小平文选》第 3 卷，人民出版社 1993 年版，第 379 页。

〔45〕《周恩来年谱（1949—1976）》（中），中央文献出版社 1997 年版，第 696 页。

〔46〕《邓小平年谱（1975—1997)》（上），中央文献出版社 2004 年版，第 97—98 页。

〔47〕《邓小平年谱（1975—1997)》（上），中央文献出版社 2004 年版，第 113—114 页。

〔48〕《邓小平文选》第 2 卷，人民出版社 1994 年版，第 111 页。

〔49〕《邓小平文选》第 2 卷，人民出版社 1994 年版，第 132 页。

〔50〕《邓小平文选》第 2 卷，人民出版社 1994 年版，第 141 页。

〔51〕《邓小平年谱（1975—1997)》（上），中央文献出版社 2004 年版，第 496 页。

〔52〕《邓小平年谱（1975—1997)》（上），中央文献出版社 2004 年版，第 502 页。

〔53〕《邓小平文选》第 2 卷，人民出版社 1994 年版，第 194 页。

〔54〕《邓小平文选》第 2 卷，人民出版社 1994 年版，第 237 页。

〔55〕《邓小平年谱（1975—1997）》（下），中央文献出版社 2004 年版，第 769 页。

〔56〕《邓小平年谱（1975—1997）》（下），中央文献出版社 2004 年版，第 815 页。

〔57〕《邓小平文选》第 3 卷，人民出版社 1993 年版，第 251 页。

〔58〕《十三大以来重要文献选编》（上），人民出版社 1991 年版，第 16 页。

〔59〕《建国以来重要文献选编》第 8 册，中央文献出版社 1994 年版，第 398 页。

〔60〕《毛泽东年谱（1949—1976）》第 3 卷，中央文献出版社 2013 年版，第 465 页。

〔61〕金冲及主编：《周恩来传（1949—1976）》，中央文献出版社 1998 年版，第 479—480 页。

〔62〕《邓小平等关于"一国两制"的论述选载》（1978 年 10 月—1990 年 9 月），《党的文献》1992 年第 1 期。

〔63〕《邓小平等关于"一国两制"的论述选载》（1978 年 10 月—1990 年 9 月），《党的文献》1992 年第 1 期。

〔64〕《〈告台湾同胞书〉体现了我们对台湾的归回和祖国统一的大政方针和基本立场、基本态度》，《人民日报》1979 年 1 月 2 日。

〔65〕《中国希望和平解决台湾问题》，《人民日报》1979 年 2 月 1 日。

〔66〕《邓小平关于建设有中国特色社会主义的论述专题摘编》，中央文献出版社 1992 年版，第 306 页。

〔67〕《十一届三中全会以来重要文献选读》（上），人民出版社 1987 年版，第 358—359 页。

〔68〕《邓小平年谱（1975—1997）》（下），中央文献出版社 2004 年版，第 797 页。

〔69〕《邓小平文选》第 3 卷，人民出版社 1993 年版，第 12 页。

〔70〕《邓小平文选》第 3 卷，人民出版社 1993 年版，第 13 页。

〔71〕《十二大以来重要文献选编》（上），人民出版社 1986 年版，第 226 页。

〔72〕《邓小平文选》第 3 卷，人民出版社 1993 年版，第 30 页。

〔73〕《邓小平文选》第 3 卷，人民出版社 1993 年版，第 30 页。

〔74〕《邓小平文选》第 3 卷，人民出版社 1993 年版，第 31 页。

〔75〕《邓小平文选》第 3 卷，人民出版社 1993 年版，第 58 页。

〔76〕《邓小平年谱（1975—1997）》（下），中央文献出版社 2004 年版，第 1001 页。

第十章

向邓小平学习顶层设计

　　1979年1月1日，是中共十一届三中全会召开后的第一个元旦。邓小平在北京召开的全国政协座谈会上说，1979年元旦是个不平凡的日子，有三个特点：一是我们全国工作的着重点转移到四个现代化建设上来了；二是中美关系实现了正常化；三是把台湾回归祖国、完成祖国统一大业提到具体日程上来了。

　　从某种意义上说，邓小平这次谈话对时局的认识，充分展现了他善于在顶层总揽全局、统筹把握、合理规划的"总设计师"风采。这也是他能够谋划开创改革开放和现代化建设伟业，成为世人景仰的原因之所在。

1. 让一部分人先富起来

1981 年 10 月 17 日，中共中央、国务院作出的《关于广开门路，搞活经济、解决城镇就业问题的若干规定》指出，今后要着重开辟在集体经济和个体经济中的就业渠道，并增加自谋职业的渠道，要不断地调查研究，总结经验，在一段时期内，逐步形成一套有利于发展国民经济和改善人民生活的劳动就业制度。这一年，全国个体户达到 261 万户，从业人员 320 万。也是这一年，一个自称"傻子"的人给人们出了个不小的难题。安徽芜湖炒卖瓜子的商贩年广久，把自己的商品取名为"傻子瓜子"，销路很好。成为百万富翁的他，雇了 12 个工人。有人告他是资产阶级剥削分子。

"傻子瓜子"的事情传到了邓小平那里。1984 年 10 月 22 日，他在中顾委第三次全体会议上明确表示："前些时候那个雇工问题，相当震动呀，大家担心得不得了。我的意见是放两年再看。那个能影响到我们的大局吗？如果你一动，群众就说政策变了，人心就不安了。你解决了一个'傻子瓜子'，会牵动人心不安，没有益处。让'傻子瓜子'经营一段，怕什么？伤害了社会主义吗？"邓小平的话保护了年广久，也推动了中国非公有制经济的起步，造就了一批先富起来的人。

新中国成立后很长一段时期，国家在分配领域主要实行以平均主义为主要特征的分配模式。这种模式追求各个地区的平均发展，追求个人收入上的平均主义，最终造成有条件发展的地区没有更快发展的政策环境，最终陷入了共同落后、共同贫困的困境。为了破除这种扼杀人们劳动积极性并导致共同贫困的平均主义"大锅饭"体制，邓小平反复强调要通过让一部分地区、一部分人先富裕起来，以带动越来越多的地区和人们逐步达到共同富裕，从而让当代中国逐步摆脱贫穷。

为了充分调动人们的劳动积极性，邓小平认为必须坚持按劳分配原则。从 1975 年复出全面整顿开始，邓小平同"四人帮"就社会主义社会要不要发展生产力，要不要实行按劳分配问题进行了激烈争论。针对"四人帮"认为按劳分配原则是产生资本主义和资产阶级的经济基础和条件，是生产力发展的障碍；不要发展生产力，搞平均主义的极左错误思想，8 月 18 日，邓小平在国务院讨论国家计委起草的《关于加快工业发展的若干问题》，并对这个文件提出修改意见时指出："坚持按劳分配原则。这在社会主义建设中始终是一个很大的问题，大家都要动脑筋想一想。所谓物质鼓励，过去并不多。人的贡献不同，在待遇上是否应当有差别？同样是工人，但有的技术水平比别人高，要不要提高他的级别、待遇？技术人员的待遇是否也要提高？如果不管贡献大小、技术高低、能力强弱、劳动轻重，工资都是四五十块钱，表面上看来似乎大家是平等的，但实际上是不符合按劳分配原则的，这怎么能调动人们的积极性？"[1]

1977 年 8 月 3 日，刚刚复出不到一个月的邓小平就在同胡乔木、于光远、邓力群谈话时重新提出了按劳分配问题。他说："应该有适当的物质鼓励，少劳少得，多劳多得，说得清楚。现在有人把不是毛主席的东西，强加给毛主席，说按劳分配产生资产阶级。这根本不行。五十元工资加到一百元，加到两百元，也变不了资产阶级。"[2] 11 月 3 日，邓小平在会见美籍华人王浩教授时再次指出："按劳分配问题过去解决不了。现在看来还得按劳分配，必要的物质鼓励还是得要。今后全国都要恢复奖金制度。"[3]

由于各地区、行业和个人资源禀赋和客观条件的差异，恢复按劳分配原则，不可避免地会出现先后快慢的情况。这就要求进一步破除过去在分配上平均主义"大锅饭"体制。正是在这种情况下，1978年9月20日，邓小平在天津考察时引用毛泽东的话，首次提出了"先让一部分人富裕起来"的重要思想。他说："现在不能搞平均主义。毛主席讲过先让一部分人富裕起来。好的管理人员也应该待遇高一点，不合格的要刷下来，鼓励大家想办法。"[4]12月13日，邓小平在中共十一届三中全会前召开的中央工作会议上进一步明确指出："在经济政策上，我认为要允许一部分地区、一部分企业、一部分工人农民，由于辛勤努力成绩大而收入先多一些，生活先好起来。一部分人生活先好起来，就必然产生极大的示范力量，影响左邻右舍，带动其他地区、其他单位的人们向他们学习。这样，就会使整个国民经济不断地波浪式地向前发展，使全国各族人民都能比较快地富裕起来。"并特别强调："这是一个大政策，一个能够影响和带动整个国民经济的政策，建议同志们认真加以考虑和研究。"[5]中共十一届三中全会确定全党必须集中主要精力把农业尽快搞上去，并提出了发展农业生产的一系列政策措施，其中一条就是："公社各级经济组织必须认真执行按劳分配的社会主义原则，按照劳动的数量和质量计算报酬，克服平均主义"[6]。

经过几年的实践，1984年10月中共十二届三中全会通过的《中共中央关于经济体制改革的决定》，首次把鼓励一部分人、一部分地区先富起来的政策写进党的文件。文件指出："只有允许和鼓励一部分地区、一部分企业和一部分人依靠勤奋劳动先富起来，才能对大多数人产生强烈的吸引和鼓舞作用，并带动越来越多的人一浪接一浪地走向富裕。"[7]

让一部分人先富起来并非我们的目的，我们的目的是最终实现共同富裕。邓小平提倡鼓励一部分人先富起来，一开始就是把它作为实现共同富裕的条件提出来的，并为共同富裕目标所规定。邓小平说："我的一贯主张是，让一部分人、一部分地区先富起来，大原则是共同富裕。一部分地区发展快一点，带动大部分地区，这是加速发展、达到共同富裕的捷径。"〔8〕"我们提倡一部分地区先富裕起来，是为了激励和带动其他地区也富裕起来，并且使先富裕起来的地区帮助落后的地区更好地发展。提倡人民中有一部分人先富裕起来，也是同样的道理。"〔9〕鼓励一部分地区、一部分人先富裕起来，也正是为了带动越来越多的人先富裕起来，先富起来的人具有帮助和带领未富起来的人实现共同富裕的义务和责任。对此，邓小平说得非常明确。1986 年 3 月 28 日，邓小平在会见新西兰总理兼外交部部长戴维·朗伊时指出："我们的政策是让一部分人、一部分地区先富起来，以带动和帮助落后的地区，先进地区帮助落后地区是一个义务。我们坚持走社会主义道路，根本目标是实现共同富裕，然而平均发展是不可能的。过去搞平均主义，吃'大锅饭'，实际上是共同落后，共同贫穷，我们就是吃了这个亏。改革首先要打破平均主义，打破'大锅饭'，现在看来这个路子是对的。"〔10〕

　　一部分人先富起来，不是一个局部性的问题，是实现共同富裕这个体现社会主义本质特征的构想的一个重要战略步骤和有机组成部分。邓小平一再告诉我们要以全局的观点来看待这个问题。1988 年 9 月 12 日在住地听取关于价格和工资改革初步方案的汇报时强调："沿海地区要加快对外开放，使这个拥有两亿人口的广大地带较快地先发展起来，从而带动内地更好地发展，这是一个事关大局的问题。内地要顾全这个大局。反过来，发展到一定的时候，又要求沿海拿出更多力量来帮助内地发展，这也是个大局。那时沿海也要服从这个大局。"〔11〕1992 年年初，邓小平在南方讲话中再次强调："走社会主义道路，就是要逐步实现共同富裕。共同富裕的构想是这样提出的：一部分地区有条件先发展起来，一部分地区发展慢点，先发展起来的地区带动后发展的地区，最终达到共同富裕。如果富的愈来愈富，穷的愈来愈穷，两极分化就会产生，而社会主义制度就应该而且能够避免两极分化。解决的办法之一，就是先富起来的地区多交点利税，支持贫困地区的发展。当然，太早这样办也不行，现在不能削弱发达地区的活力，也不能鼓励吃'大锅饭'。什么时候突出地提出和解决这个问题，在什么基础上提出和解决这个问题，要研究。可以设想，在本世纪末达到小康水平的时候，就要突出地提出和解决这个问题。到那个时候，发达地区要继续发展，并通过多交利税和技术转让等方式大力支持不发达地区。不发达地区又大都是拥有丰富资源的地区，发展潜力是很大的。总之，就全国范围来说，我们一定能够逐步顺利解决沿海同内地贫富差距的问题。"[12]

耐人寻味的是，邓小平在1992年南方讲话中再次谈到了"傻子瓜子"问题："农村改革初期，安徽出了个'傻子瓜子'问题。当时许多人不舒服，说他赚了一百万，主张动他。我说不能动，一动人们就会说政策变了，得不偿失。像这一类的问题还有不少，如果处理不当，就很容易动摇我们的方针，影响改革的全局。"

2. 坚持改革开放是决定中国命运的关键一招

围绕"什么是社会主义，怎样建设社会主义"这一重大理论和现实问题，邓小平对中国发展道路进行了锲而不舍的思索。他认为："社会主义首先要发展生产力"[13]，"经济长期处于停滞状态总不能叫社会主义。人民生活长期停止在很低的水平总不能叫社会主义。"[14]同时指出："社会主义的特点不是穷，而是富"[15]。而就如何发展中国的社会生产力，解决中国问题，邓小平的回答是："改革开放，建设有中国特色的社会主义"。

1979年10月1日，是新中国成立30周年的日子。作为"十一"大庆的一项重要内容，中共中央、国务院9月30日在人民大会堂举行国庆招待会。让外界感到惊讶的是，这次大会 20 多年来第一次邀请了各国外交使团和外国记者团列席会议。世界舆论都敏锐地察觉到中国政府的新举动，以及所传递的信息：中国共产党已经下决心对内改革、对外开放，并且对此充满自信。

在邓小平看来，中国要实现现代化，除了改革开放外，别无他途。在中共十一届三中全会前夕召开的中央工作会议上，他就尖锐地指出："如果现在再不实行改革，我们的现代化事业和社会主义事业就会被葬送。"[16] 1980 年 8 月 18 日，他在出席中共中央政治局扩大会议就党和国家领导制度的改革发言时再次申明："如果不坚决改革现行制度中的弊端，过去出现过的一些严重问题今后就有可能重新出现。只有对这些弊端进行有计划、有步骤而又坚决彻底的改革，人民才会信任我们的领导，才会信任党和社会主义，我们的事业才有无限的希望。"[17] 也正因为如此，邓小平多次指出："我们把改革当作一种革命"[18]；"改革是中国的第二次革命。这是一件很重要的必须做的事，尽管是有风险的事"[19]；"不搞改革，不坚持开放政策，我们的发展战略目标就不可能实现。这是一个关，这个关必须过。"[20]

1984 年 10 月 1 日，是新中国成立 35 周年的日子。在这一天的庆典上，群众游行方阵中出现了一块块醒目的标语："联产承包好"、"时间就是金钱，效率就是生命"，充分表明了人们对改革开放的拥护；一句"小平您好"，更是表达了人们对这位改革开放总设计师的敬意。也就在这一天，邓小平在天安门城楼上向全国人民发起改革的号召："当前的主要任务，是要对妨碍我们前进的现行经济体制，进行有系统的改革。"[21]

改革并非漫无目的，而是为了社会主义制度的自我完善。1982 年 4 月 3 日，邓小平在同胡乔木、邓力群的谈话中说道："这几年实行的对外开放、对内搞活经济的政策，是有成绩的。我们要不断研究新情况、解决新问题、寻找新办法、制定新制度，使整个国家的各种体制越来越完善，保证社会主义现代化建设能够顺利进行。"[22] 1985 年 4 月 15 日，邓小平在会见坦桑尼亚副总统阿里·哈桑·姆维尼时特别强调："我们建立的社会主义制度是个好制度，必须坚持。我们马克思主义者过去闹革命，就是为社会主义、共产主义崇高理想而奋斗。现在我们搞经济改革，仍然要坚持社会主义道路，坚持共产主义的远大理想，年轻一代尤其要懂得这一点。但问题是什么是社会主义，如何建设社会主义。我们的经验教训有许多条，最重要的一条，就是要搞清楚这个问题。"[23] 1985 年 9 月 23 日，出席中国共产党全国代表会议闭幕会议并讲话中指出："改革促进了生产力的发展，引起了经济生活、社会生活、工作方式和精神状态的一系列深刻变化。改革是社会主义制度的自我完善，在一定的范围内也发生了某种程度的革命性变革。这是一件大事，表明我们已经开始找到了一条建设有中国特色的社会主义的路子。"因此，"在改革中，我们始终坚持两条根本原则，一是以社会主义公有制经济为主体，一是共同富裕。"[24] 正如他几天前在会见津巴布韦非洲民族联盟主席、政府总理罗伯特·穆加贝时强调的：在改革中坚持社会主义方向，这是一个很重要的问题。我们要实现工业、农业、国防和科技现代化，但在四个现代化前面有"社会主义"四个字，叫"社会主义四个现代化"。我们现在讲的对内搞活经济、对外开放是在坚持社会主义原则下开展的。[25] 1987 年 6 月 12 日，邓小平在会见南斯拉夫共产主义者联盟中央主席团委员斯特凡·科罗舍茨时明确提出："我们的改革要达到一个什么目的呢？总的目的是要有利于巩固社会主义制度，有利于巩固党的领导，有利于在党的领导和社会主义制度下发展生产力。"[26]

改革的内容和步骤要根据中国的实际情况来决定。1982 年 4 月 3 日，邓小平在同胡乔木、邓力群的谈话中说道："要进行机构改革和全面的体制改革。机构改革、体制改革是一个长期的任务。机构改革现在还只是开始。全面的体制改革包括好多方面，像政治体制的改革、经济体制的改革、领导体制的改革。"[27]1987 年 6 月 12 日，邓小平在会见南斯拉夫共产主义者联盟中央主席团委员斯特凡·科罗舍茨时再次强调："改革是全面的改革，包括经济体制改革、政治体制改革和相应的其他各个领域的改革。"并且"我们要根据社会主义国家自己的实践、自己的情况来决定改革的内容和步骤。每一个社会主义国家的改革又都是不同的，历史不同，经验不同，现在所处的情况不同，各国的改革不可能一样。但是，共同的一点是要保持自己的优势，避免资本主义社会的毛病和弊端。"[28]与此同时，邓小平十分鼓励改革的大胆尝试，邓小平在 1992 年年初的南方谈话中特别指出："改革开放胆子要大一些，敢于试验，不能像小脚女人一样。看准了的，就大胆地试，大胆地闯。深圳的重要经验就是敢闯。没有一点闯的精神，没有一点'冒'的精神，没有一股气呀、劲呀，就走不出一条好路，走不出一条新路，就干不出新的事业。……每年领导层都要总结经验，对的就坚持，不对的赶快改，新问题出来抓紧解决。"[29]

邓小平从适应现代化大生产的需要和遵循商品经济发展的客观规律出发，深刻论述了实行对外开放政策是推进我国现代化的客观动力。在总结中国历史经验的基础上，特别是新中国成立以来的历史经验，邓小平一再告诫全党："现在的世界是开放的世界。……三十几年的经验教训告诉我们，关起门来搞建设是不行的，发展不起来。……我们提出要发展得快一点，太快不切合实际，要尽可能快一点，这就要求对内把经济搞活，对外实行开放政策。"[30]"我们一定要真正地搞改革开放，不能关起门来搞。"[31]邓小平明确指出："总结历史经验，中国长期处于停滞和落后状态的一个重要因素是闭关自守。经验证明，关起门来搞建设是不能成功的，中国的发展离不开世界。"[32]1985 年 4 月 15 日，邓小平在会见坦桑尼亚副总统阿里·哈桑·姆维尼时强调："我们过去固守成规，关起门来搞建设，搞了好多年，导致的结果不好。经济建设也在逐步发展，也搞了一些东西，比如原子弹、氢弹搞成功了，洲际导弹也搞成功了，但总的来说，很长时间处于缓慢发展和停滞的状态，人民的生活还是贫困。"这才迫使我们重新考虑问题。"鉴于过去的教训，必须改变闭关自守的状态，必须调动人民的积极性，这样才制定了开放和改革的政策。开放是两个内容，一个对内开放，一个对外开放。"〔33〕

在邓小平看来，对外开放绝非权宜之计，而是长久之策。1987 年 1 月 20 日，他在会见津巴布韦总理罗伯特·穆加贝时指出："一个国家要取得真正的政治独立，必须努力摆脱贫困。而要摆脱贫困，在经济政策和对外政策上都要立足于自己的实际，不要给自己设置障碍，不要孤立于世界之外。根据中国的经验，把自己孤立于世界之外是不利的。要得到发展，必须坚持对外开放、对内改革，包括上层建筑领域的政治体制的改革。中国执行开放政策是正确的，得到了很大的好处。如果说有什么不足之处，就是开放得还不够。我们要继续开放，更加开放。"〔34〕1988 年 6 月 3 日，他在会见"九十年代的中国与世界"国际会议全体与会者时说："二十年的经验尤其是'文化大革命'的教训告诉我们，不改革不行，不制定新的政治的、经济的、社会的政策不行。十一届三中全会制定了这样的一系列方针政策，走上了新的道路。这些政策概括起来，就是改革和开放。"〔35〕1991 年 8 月 20 日，他在同江泽民、杨尚昆、李鹏、钱其琛谈话时指出："坚持改革开放是决定中国命运的一招。"〔36〕在 1992 年年初的南方谈话中，他更是告诫全党："不坚持社会主义，不改革开放，不发展经济，不改善人民生活，只能是死路一条。"〔37〕

"我们的家乡，在希望的田野上，炊烟在新建的住房上飘荡，小河在美丽的村庄旁流淌……"这曲 1980 年唱遍大江南北的《在希望的田野上》，反映了中国人迎来改革开放春天的喜悦之情。从农村"包产到户"到城市国有企业改革，从党和国家领导体制改革到各领域的深入改革，从沿海到沿江沿边、从东部到中西部区域的梯次开放，中国号巨轮在改革开放航道上乘风破浪，勇往直前。

3. 坚持经济建设为中心

1977 年 7 月 30 日，北京工人体育场，北京国际足球友好邀请赛决赛现场。距开赛还有几分钟时，主席台突然掌声骤起，欢声如雷。8 万名观众不由地站起来，向主席台方向翘首张望，原来是已经从公众视线中消失了两年多的邓小平，第三次"复出"了。在报道这一消息时，美国《新闻周刊》的评论说，在经济事务方面预计他将逐渐发挥关键作用。事实证明，这个评论是很有预见性的。

"文化大革命"的十年浩劫，使中国的国民经济到了崩溃的边缘，中国与世界发达国家的差距愈拉愈大。粉碎"四人帮"后，"两个凡是"的错误方针又导致中国共产党"在徘徊中前进"的局面，再次让人们陷入困惑。为了扭转这个形势，邓小平大力推动党和国家工作重心转移，确立了以经济建设为中心的大政方针。

积极推进全党和全国的工作重心转移到经济建设上来。1978 年 3 月 18 日，在全国科技大会开幕式上的讲话中邓小平明确提出：我们的国家进入了新的发展时期，我们党的工作重点、工作作风都应该有相应的转变。[38] 1978 年 9 月 16 日，他在视察吉林时进一步明确提出了工作中心转移问题。他说："我们是社会主义国家，社会主义制度优越性的根本表现，就是能够允许社会生产力以旧社会所没有的速度迅速发展，使人民不断增长的物质文化生活需要能够逐步得到满足。按照历史唯物主义的观点来讲，正确的政治领导的成果，归根结底要表现在社会生产力的发展上，人民物质文化生活的改善上。如果在一个很长的历史时期内，社会主义国家生产力发展的速度比资本主义国家慢，还谈什么优越性？"[39]

正是在邓小平这些重要论述的基础上，中共十一届三中全会果断地停止使用"以阶级斗争为纲"、"无产阶级专政下继续革命"等错误口号，作出了将全党工作的重心转移到以经济建设为中心的社会主义现代化建设上来的重大战略决策，从而开启了中国经济社会发展的新征程。对此，邓小平1985年9月23日出席中国共产党全国代表会议闭幕会议并讲话指出，"十一届三中全会以来，全党把工作重点转移到社会主义现代化建设上来，在坚持四项基本原则的基础上，集中力量发展社会生产力。这是最根本的拨乱反正。"[40]

经济建设是"当前最大的政治"，一切任务都要服从这个中心。马克思主义认为，经济是一切历史活动的基础，而政治则是经济的集中表现。经济决定政治，政治则反作用于经济，极大地影响经济的发展。对中国的社会主义建设来说，能否正确认识和处理政治与经济的关系，至关重要。1957年后的一段较长时间里，脱离经济工作的政治运动，不仅达不到"抓革命、促生产"的目的，只能出现批判"唯生产力"的错误。这极大地妨碍了经济建设，也严重败坏了社会主义政治建设。对此，邓小平痛心地指出，那时全党"主要精力放到政治运动上去了，建设的本领没有学好，建设没有上去，政治也发生了严重的曲折"。

1979年10月4日，邓小平在中共省、市、自治区第一书记座谈会上讲话强调："经济工作是当前最大的政治，经济问题是压倒一切的政治问题。不只是当前，恐怕今后长期的工作重点都要放在经济工作上面。"[41]1980年1月16日，邓小平在中央召集的干部会议上分析目前的形势和任务时指出："要加紧经济建设，就是加紧四个现代化建设。四个现代化，集中起来讲就是经济建设。国防建设，没有一定的经济基础不行。科学技术主要是为经济建设服务的。""我们在国际事务中起的作用的大小，要看我们自己经济建设成就的大小。如果我们国家发展了，更加兴旺发达了，我们在国际事务中的作用就会大。""当然，其他许多事情都要搞好，但是主要是必须把经济建设搞好。"[42]同时强调："现代化建设的任务是多方面的，各个方面需要综合平衡，不能单打一。但是说到最后，还是要把经济建设当作中心。离开了经济建设这个中心，就有丧失物质基础的危险。其他一切任务都要服从这个中心，围绕这个中心，决不能干扰它，冲击它。过去二十多年，我们在这方面的教训太沉痛了。"[43]"社会主义制度优于资本主义制度。这要表现在许多方面，但首先要表现在经济发展的速度和效果方面。没有这一条，再吹牛也没有用。"[44]1984 年 11 月 1 日，邓小平在中央军委座谈会上再次强调："大家都要从大局出发，照顾大局，千方百计使我们国家经济发展起来。发展起来就好办了。"[45]1985 年 6 月 4 日，邓小平在军委扩大会议上的讲话中，先把经济搞上去，一切都好办。现在就是要硬着头皮把经济搞上去，就这么一个大局，一切都要服从这个大局。[46]

全党要紧紧抓住经济建设这个中心不放松，为之不懈奋斗。1979 年 3 月 30 日，邓小平在中国共产党的理论工作务虚会上指出："我们当前以及今后相当长一个历史时期的主要任务是什么？一句话，就是搞现代化建设。能否实现四个现代化，决定着我们国家的命运、民族的命运。在中国的现实条件下，搞好社会主义的四个现代化，就是坚持马克思主义，就是高举毛泽东思想伟大旗帜。你不抓住四个现代化，不从这个实际出发，就是脱离马克思主义，就是空谈马克思主义。社会主义现代化建设是我们当前最大的政治，因为它代表着人民的最大的利益、最根本的利益。现在，每一个党员、团员，每一个爱国的公民，都必须在党和政府的统一领导下，克服一切困难，千方百计地为实现四个现代化贡献出一切力量。"[47]

1980 年 2 月 29 日，邓小平在中共十一届五中全会第三次会议上再次指出："我们党在现阶段的政治路线，概括地说，就是一心一意地搞四个现代化。这件事情，任何时候都不要受干扰，必须坚定不移地、一心一意地干下去。许多问题，不搞四个现代化解决不了。国民经济的发展，国民收入的增加，人民生活的逐步提高，国防相应地得到巩固和加强，都要靠搞四个现代化。……最主要的是搞经济建设，发展国民经济，发展社会生产力。这件事情一定要死扭住不放，一天也不能耽误。请同志们在处理各种繁忙的事务的时候，务必一天也不要放松经济工作。"〔48〕

为了凝聚全党全国各族人民的共识，邓小平始终强调经济建设不能收到干扰。1980 年 1 月 16 日，他在中央召集的干部会议上指出，现在要横下心来，除了爆发大规模战争外，就要始终如一地、贯彻始终地搞这件事，一切围绕着这件事，不受任何干扰。就是爆发大规模战争，打仗以后也要继续干，或者重新干。我们全党全民要把这个雄心壮志牢固地树立起来，扭着不放，"顽固"一点，毫不动摇。〔49〕1984 年 6 月 30 日，他在会见日本代表团再次指出："我们的政治路线，是把四个现代化建设作为重点，坚持发展生产力，始终扭住这个根本环节不放松，除非打起世界战争。即使打世界战争，打完了还搞建设。"〔50〕我们要艰苦奋斗，一心一意搞建设，发展生产力。〔51〕

坚持经济建设为中心，已经成为中国特色社会主义建设的一条重要原则。正如 2001 年 7 月江泽民在庆祝中国共产党成立七十周年大会上的讲话中所述："在社会主义现代化建设中，我们始终要以经济建设为中心。党和国家的各项工作都必须服从和服务于经济建设这个中心，而不能离开这个中心，更不能干扰这个中心。要像邓小平同志反复告诫我们的那样，除了爆发大规模战争外，全党同志必须贯彻始终地集中力量进行经济建设，一步一步地实现我们的战略目标。我们一定要把这个雄心壮志在全党全社会牢固地树立起来，扭着不放，毫不动摇。经济发展了，综合国力提高了，人民生活不断改善了，国家更加强大了，社会主义制度的巨大优越性就会更加充分地显示出来，我们抵御和平演变的斗争就会有更加坚实深厚的物质技术文化基础，我们的社会主义制度就会更加立于不败之地。"〔52〕

4. 社会主义也可以搞市场经济

1986 年 11 月 14 日，邓小平在会见美国纽约证券交易所董事长约翰·范尔霖时，将一张上海飞乐音响股票作为礼物回赠。范尔霖高兴地说，我很荣幸成为社会主义企业的第一位外国股东。股票这一长期被视为资本主义专有的特殊商品在中国的出现，引来了国际社会的注目，舆论发出"中国与股市握手"的惊叹。日本的《朝日新闻》更是发表整版评论，声称中国企业将全面推行股份制，中国经济终将走向市场化。

然而，在社会主义中国搞市场经济，并不是一件容易的事情。中共十一届三中全会以后，邓小平在思考用什么方法才能更有效地发展生产力时，就已经在认真思考市场经济与社会主义的关系问题，并率先提出社会主义也可以搞市场经济的观点。1979 年 11 月 26 日，他在会见美国不列颠百科全书出版公司编委会副主席吉布尼和加拿大麦吉尔大学东亚研究所主任林达光等时，吉布尼问邓小平："您是不是认为过去中国犯了一个错误，过早地限制了非资本主义的市场经济，这方面限制得太快，现在就需要在社会主义计划经济的指引之下，扩大非资本主义的市场经济作用？"邓小平明确提出社会主义也可以搞市场经济的观点："说市场经济只存在于资本主义社会，只有资本主义的市场经济，这肯定是不正确的。社会主义为什么不可以搞市场经济，这个不能说是资本主义。我们是计划经济为主，也结合市场经济，但这是社会主义的市场经济。虽然方法上基本上和资本主义社会的相似，但也有不同，是全民所有制之间的关系，当然也有同集体所有制之间的关系，也有同外国资本主义的关系，但是归根到底是社会主义的，是社会主义社会的。市场经济不能说只是资本主义的。市场经济，在封建社会时期就有了萌芽。社会主义也可以搞市场经济。同样地，学习资本主义国家的某些好东西，包括经营管理方法，也不等于实行资本主义。这是社会主义利用这种方法来发展社会生产力。把这当作方法，不会影响整个社会主义，不会重新回到资本主义。"[53]

长期的计划经济使人们的观念一时难以改变。这需要邓小平更多、更深入、更系统的阐述，尤其是讲清楚社会主义和市场经济之间不存在根本矛盾。1982 年 7 月 26 日，邓小平在同国家计委负责人谈"六五"计划和长期规划问题时指出："社会主义同资本主义比较，它的优越性就在于能做到全国一盘棋，集中力量，保证重点。缺点在于市场运用得不好，经济搞得不活。计划与市场的关系问题如何解决？解决得好，对经济的发展就很有利，解决不好，就会糟。"[54] 1985 年 10 月 23 日，他在会见美国时代公司组织的亨利·格隆瓦尔德为团长的美国高级企业家代表团时指出："社会主义和市场经济之间不存在根本矛盾。问题是用什么方法才能更有力地发展社会生产力。我们过去一直搞计划经济，但多年的实践证明，在某种意义上说，只搞计划经济会束缚生产力的发展。把计划经济和市场经济结合起来，就更能解放生产力，加速经济发展。"[55] 第二天的《人民日报》，刊登了这次会见的主要内容。邓小平关于社会主义也可以搞市场经济的明确态度，引起了国内外的极大关注。

社会主义与资本主义的区分不在于是计划还是市场这样的问题。1987年 2 月 6 日，邓小平在同几位中央负责人的谈话中强调市场可以为社会主义所用的观点，他指出："为什么一谈市场就说是资本主义，只有计划才是社会主义呢？计划和市场都是方法嘛。只要对发展生产力有好处，就可以利用。它为社会主义服务，就是社会主义的；为资本主义服务，就是资本主义的。好像一谈计划就是社会主义，这也是不对的，日本就有一个企划厅嘛，美国也有计划嘛。"[56] 为了端正对计划与市场的认识，1990 年 12 月 24 日，邓小平在同几位中央负责人的谈话中进一步指出：我们必须从理论上搞懂，资本主义与社会主义的区分不在于是计划还是市场这样的问题。社会主义也有市场经济，资本主义也有计划控制。资本主义就没有控制，就那么自由？最惠国待遇也是控制嘛！不要以为搞点市场经济就是资本主义道路，没有那么回事。计划和市场都得要。不搞市场，连世界上的信息都不知道，是自甘落后。[57] 1991 年 1 月 28 日至 2 月 18 日，邓小平在视察上海市时，又对上海市负责人说："不要以为，一说计划经济就是社会主义，一说市场经济就是资本主义，不是那么回事，两者都是手段，市场也可以为社会主义服务。"[58] 1992 年 1 月 18 日至 2 月 21 日，邓小平在视察武昌、深圳、珠海和上海等地，沿途发表了重要谈话。谈话中邓小平对计划与市场的关系问题进行了完整的准确的阐述："计划多一点还是市场多一点，不是社会主义与资本主义的本质区别。计划经济不等于社会主义，资本主义也有计划；市场经济不等于资本主义，社会主义也有市场。计划和市场都是经济手段。社会主义的本质，是解放生产力，发展生产力，消灭剥削，消除两极分化，最终达到共同富裕。"[59] 从而明确界定了市场经济的属性，解除了把社会主义与市场经济对立起来的思想束缚，为中国最终确立社会主义市场经济体制的目标模式奠定了理论基础。

正如江泽民所述："事非经过不知难。我们确定经济体制改革目标为建立社会主义市场经济体制，是来之不易的。"[60] 在邓小平的积极倡议和推动下，沿着完全的计划经济观念，高度集中的计划经济——以计划经济为主，市场经济为辅——有计划的商品经济——社会主义市场经济的发展脉络，不断深化对市场在国民经济运行中重要性的认识，使人们从传统的思想观念中解放出来，从传统的经济体制中解脱出来。1981 年 6 月中共十一届六中全会通过的《关于建国以来党的若干历史问题的决议》提出："必须在公有制基础上实行计划经济，同时发挥市场调节的辅助作用。"[61] 1984 年 10 月，中共十二届三中全会通过的《中共中央关于经济体制改革的决定》提出："改革计划体制，首先要突破把计划经济同商品经济对立起来的传统观念，明确认识社会主义计划经济必须自觉依据和运用价值规律，是在公有制基础上的有计划的商品经济。"[62]《决定》通过以后，邓小平在会上发言说："这个决定，是马克思主义的基本原理和中国社会主义实践相结合的政治经济学。"[63]

1987 年，中共十三大的政治报告特别强调："社会主义有计划商品经济，应该是计划与市场内在统一的体制。必须把计划工作建立在商品交换和价值规律上。计划和市场的作用都是覆盖全社会的。"[64] 1989 年 11 月作出的《中共中央关于进一步治理整顿和深化改革的决定》指出："改革的核心问题，在于逐步建立计划经济同市场调节相结合的经济运行机制。计划经济和市场调节相结合的程度、方式和范围，要经常根据实际情况进行调整和改进。"[65]

1992 年 10 月，中共十四大报告明确提出："经济体制改革的目标，是在坚持公有制和按劳分配为主体、其他经济成分和分配方式为补充的基础上，建立和完善社会主义市场经济体制。"[66] 1993 年 11 月 14 日，中共十四届三中全会通过了《中共中央关于建立社会主义市场经济体制若干问题的决定》。《决定》指出："社会主义市场经济体制是同社会主义基本制度结合在一起的。建立社会主义市场经济体制，就是要使市场在国家宏观调控下对资源配置起基础性作用。"[67] 这就将中共十四大提出的经济体制改革的目标和基本原则加以具体化，勾画了建立社会主义市场经济的蓝图和基本框架。

2003 年 10 月，中共十六届三中全会通过了《中共中央关于完善社会主义市场经济体制若干问题的决定》，首次强调了经济、社会的协调发展；提出股份制是公有制的主要实现形式，在所有制和社会主义经济体制的认识上实现了又一次重大突破；提出建立健全"归属清晰、权责明确、保护严格、流转顺畅"的现代产权制度。

2013 年 11 月，中共十八届三中全会通过了《中共中央关于全面深化改革若干重大问题的决定》，首次强调市场在资源配置中"起决定性作用"；更加明确了公有制经济和非公有制经济的同等重要性，要求积极发展混合所有制经济；提出"完善产权保护制度"，要求"赋予农民更多财产权利"。

显而易见，这些改革政策的出发点和落脚点，都是发挥经济体制改革牵引作用，推动生产关系同生产力、上层建筑同经济基础相适应，推动经济社会持续健康发展。

注　释

〔1〕《邓小平文选》第 2 卷，人民出版社 1994 年版，第 30 页。

〔2〕《邓小平年谱（1975—1997）》（上），中央文献出版社 2004 年版，第 171 页。

〔3〕《邓小平年谱（1975—1997）》（上），中央文献出版社 2004 年版，第 236 页。

〔4〕《邓小平年谱（1975—1997）》（上），中央文献出版社 2004 年版，第 387 页。

〔5〕《邓小平文选》第 2 卷，人民出版社 1994 年版，第 152 页。

〔6〕《十一届三中全会以来重要文献选读》（上），人民出版社 1987 年版，第 8 页。

〔7〕《十二大以来重要文献选编》（中），人民出版社 1986 年版，第 578 页。

〔8〕《邓小平文选》第 3 卷，人民出版社 1993 年版，第 166 页。

〔9〕《邓小平文选》第 3 卷，人民出版社 1993 年版，第 111 页。

〔10〕《邓小平文选》第 3 卷，人民出版社 1993 年版，第 155 页。

〔11〕《邓小平文选》第 3 卷，人民出版社 1993 年版，第 277 页。

〔12〕《邓小平文选》第 3 卷，人民出版社 1993 年版，第 373 页。

〔13〕《邓小平文选》第 2 卷，人民出版社 1994 年版，第 311 页。

〔14〕《邓小平文选》第 2 卷，人民出版社 1994 年版，第 312 页。

〔15〕《邓小平文选》第 3 卷，人民出版社 1993 年版，第 265 页。

〔16〕《邓小平文选》第 2 卷，人民出版社 1994 年版，第 150 页。

〔17〕《邓小平文选》第 2 卷，人民出版社 1994 年版，第 333 页。

〔18〕《邓小平文选》第 3 卷，人民出版社 1993 年版，第 82 页。

〔19〕《邓小平文选》第 3 卷，人民出版社 1993 年版，第 113 页。

〔20〕《邓小平年谱（1975—1997）》（下），中央文献出版社 2004 年版，第 1060 页。

〔21〕《邓小平文选》第 3 卷，人民出版社 1993 年版，第 70 页。

〔22〕《邓小平年谱（1975—1997）》（下），中央文献出版社 2004 年版，第 810 页。

〔23〕《邓小平文选》第 3 卷，人民出版社 1993 年版，第 116 页。

〔24〕《邓小平文选》第 3 卷，人民出版社 1993 年版，第 142 页。

〔25〕《邓小平文选》第 3 卷，人民出版社 1993 年版，第 138 页。

〔26〕《邓小平文选》第 3 卷，人民出版社 1993 年版，第 241 页。

〔27〕《邓小平年谱（1975—1997）》（下），中央文献出版社 2004 年版，第 809 页。

〔28〕《邓小平文选》第 3 卷，人民出版社 1993 年版，第 241 页。

〔29〕《邓小平文选》第 3 卷，人民出版社 1993 年版，第 372 页。

〔30〕《邓小平文选》第 3 卷，人民出版社 1993 年版，第 64 页。

〔31〕《邓小平文选》第 3 卷，人民出版社 1993 年版，第 318 页。

〔32〕《邓小平文选》第 3 卷，人民出版社 1993 年版，第 78 页。

〔33〕《邓小平文选》第 3 卷，人民出版社 1993 年版，第 223—224 页。

〔34〕《邓小平文选》第 3 卷，人民出版社 1993 年版，第 202 页。

〔35〕《邓小平文选》第 3 卷，人民出版社 1993 年版，第 266 页。

〔36〕《邓小平文选》第 3 卷，人民出版社 1993 年版，第 368 页。

〔37〕《邓小平文选》第 3 卷，人民出版社 1993 年版，第 370 页。

〔38〕《邓小平文选》第 2 卷，人民出版社 1994 年版，第 96 页。

〔39〕《邓小平文选》第 2 卷，人民出版社 1994 年版，第 128 页。

〔40〕《邓小平文选》第 3 卷，人民出版社 1993 年版，第 141 页。

〔41〕《邓小平文选》第 2 卷，人民出版社 1994 年版，第 194 页。

〔42〕《邓小平文选》第 2 卷，人民出版社 1994 年版，第 240 页。

〔43〕《邓小平文选》第 2 卷，人民出版社 1994 年版，第 250 页。

〔44〕《邓小平文选》第 2 卷，人民出版社 1994 年版，第 251 页。

〔45〕《邓小平文选》第 3 卷，人民出版社 1993 年版，第 99 页。

〔46〕《邓小平文选》第 3 卷，人民出版社 1993 年版，第 129 页。

〔47〕《邓小平文选》第 2 卷，人民出版社 1994 年版，第 162 页。

〔48〕《邓小平文选》第 2 卷，人民出版社 1994 年版，第 276 页。

〔49〕《邓小平文选》第 2 卷，人民出版社 1994 年版，第 249 页。

〔50〕《邓小平文选》第 3 卷，人民出版社 1993 年版，第 64 页。

〔51〕《邓小平文选》第 3 卷，人民出版社 1993 年版，第 251 页。

〔52〕《江泽民文选》第 1 卷，人民出版社 2006 年版，第 161 页。

〔53〕《邓小平文选》第 2 卷，人民出版社 1994 年版，第 236 页。

〔54〕《邓小平文选》第 3 卷，人民出版社 1993 年版，第 16—17 页。

〔55〕《邓小平文选》第 3 卷，人民出版社 1993 年版，第 148 页。

〔56〕《邓小平文选》第 3 卷，人民出版社 1993 年版，第 203 页。

〔57〕《邓小平年谱（1975—1997）》（下），中央文献出版社 2004 年版，第 1323 页。

〔58〕《邓小平文选》第 2 卷，人民出版社 1994 年版，第 367 页。

〔59〕《邓小平文选》第 3 卷，人民出版社 1993 年版，第 373 页。

〔60〕《江泽民文选》第 1 卷，人民出版社 2006 年版，第 199 页。

〔61〕《十一届三中全会以来重要文献选读》（上），人民出版社 1987 年版，第 347 页。

〔62〕《十二大以来重要文献选编》（中），人民出版社 1986 年版，第 568 页。

〔63〕《邓小平年谱（1975—1997）》（下），中央文献出版社 2004 年版，第 1006 页。

〔64〕《十三大以来重要文献选编》（上），人民出版社 1991 年版，第 26—27 页。

〔65〕《十一届三中全会以来党的历次全国代表大会中央全会重要文件选编》（下），中央文献出版社 1997 年版，第 32 页。

〔66〕《十四大以来重要文献选编》（上），人民出版社 1996 年版，第 11 页。

〔67〕《十四大以来重要文献选编》（上），人民出版社 1996 年版，第 554 页。

后　记

邓小平是中国历史上应该必须被记载的伟大人物。为纪念邓小平为党和国家作出的重大贡献，在邓小平诞辰 110 周年之际，我们集体编写了向邓小平学习这本书。本书由我拟定提纲、统稿、定稿，并负责撰写向邓小平学习求实精神。其余章节分工情况是，中央社会主义学院的杜玉芳教授撰写向邓小平学习情系民生，中共中央党史研究室的桑东华研究员撰写向邓小平学习方法策略、向邓小平学习调查研究，中共中央党校报刊社毛强撰写向邓小平学习战略思维、向邓小平学习顶层设计，贵州省委党校郑东升教授撰写向邓小平学习世界眼光、向邓小平学习领导艺术，山东财经大学徐莹教授撰写向邓小平学习乐观心态和向邓小平学习大局观念。编写过程中，我们借鉴和引用了研究者的一些成果，在撰写时都注意进行了标注。这本书属于集体创作，显见还有提高余地，以后有机会我们会再进行补充完善。时光飞逝，今年又逢邓小平诞辰 120 周年，我们决定重印本书，以表达对邓小平的怀念。

最后，感谢人民出版社领导及吴继平编辑为本书的出版做了大量工作。同时，还要感谢人民出版社所有为本书付出心血和努力的人们。

沈传亮

2024 年 2 月

1. 让一部分人先富起来

1981 年 10 月 17 日，中共中央、国务院作出的《关于广开门路，搞活经济、解决城镇就业问题的若干规定》指出，今后要着重开辟在集体经济和个体经济中的就业渠道，并增加自谋职业的渠道，要不断地调查研究，总结经验，在一段时期内，逐步形成一套有利于发展国民经济和改善人民生活的劳动就业制度。这一年，全国个体户达到 261 万户，从业人员 320 万。也是这一年，一个自称"傻子"的人给人们出了个不小的难题。安徽芜湖炒卖瓜子的商贩年广久，把自己的商品取名为"傻子瓜子"，销路很好。成为百万富翁的他，雇了 12 个工人。有人告他是资产阶级剥削分子。

"傻子瓜子"的事情传到了邓小平那里。1984 年 10 月 22 日，他在中顾委第三次全体会议上明确表示："前些时候那个雇工问题，相当震动呀，大家担心得不得了。我的意见是放两年再看。那个能影响到我们的大局吗？如果你一动，群众就说政策变了，人心就不安了。你解决了一个'傻子瓜子'，会牵动人心不安，没有益处。让'傻子瓜子'经营一段，怕什么？伤害了社会主义吗？"邓小平的话保护了年广久，也推动了中国非公有制经济的起步，造就了一批先富起来的人。

新中国成立后很长一段时期，国家在分配领域主要实行以平均主义为主要特征的分配模式。这种模式追求各个地区的平均发展，追求个人收入上的平均主义，最终造成有条件发展的地区没有更快发展的政策环境，最终陷入了共同落后、共同贫困的困境。为了破除这种扼杀人们劳动积极性并导致共同贫困的平均主义"大锅饭"体制，邓小平反复强调要通过让一

第十章

向邓小平学习顶层设计

　　1979 年 1 月 1 日，是中共十一届三中全会召开后的第一个元旦。邓小平在北京召开的全国政协座谈会上说，1979 年元旦是个不平凡的日子，有三个特点：一是我们全国工作的着重点转移到四个现代化建设上来了；二是中美关系实现了正常化；三是把台湾回归祖国、完成祖国统一大业提到具体日程上来了。

　　从某种意义上说，邓小平这次谈话对时局的认识，充分展现了他善于在顶层总揽全局、统筹把握、合理规划的"总设计师"风采。这也是他能够谋划开创改革开放和现代化建设伟业，成为世人景仰的原因之所在。

责任编辑：吴继平

责任校对：史　伟

装帧设计：吴燕妮

图书在版编目（CIP）数据

向邓小平学习 / 沈传亮　主编 . — 北京：人民出版社，2014.9（2024.2 重印）

ISBN 978 - 7 - 01 - 013848 - 0

I. ①向…　II. ①沈…　III. ①邓小平理论 - 学习参考资料　IV. ① A849

中国版本图书馆 CIP 数据核字（2014）第 183059 号

向邓小平学习

XIANG DENGXIAOPING XUEXI

沈传亮　主编

人民出版社 出版发行

（100706　北京东城区隆福寺大街 99 号）

北京新华印刷有限公司印刷　新华书店经销

2014 年 9 月第 1 版　2024 年 2 月北京第 3 次印刷

开本：710 毫米 × 1000 毫米 1/16　印张：14

字数：182 千字　印数：13,001 - 21,000 册

ISBN 978 - 7 - 01 - 013848 - 0　定价：56.00 元

邮购地址 100706　北京东城区隆福寺大街 99 号

人民东方图书销售中心　电话：(010) 65250042　65289539